寻旅五指山

XUNLV WUZHISHAN

五指山市史志中心 编

中央民族大学出版社
China Minzu University Press

图书在版编目（CIP）数据

寻旅五指山 / 五指山市史志中心编 . -- 北京 ：中央民族大学出版社，2024. 9.（2024.12 重印）-- ISBN 978-7-5660-2413-8

I. K926. 64

中国国家版本馆 CIP 数据核字第 2024L5P413 号

寻旅五指山

编　　者	五指山市史志中心
责任编辑	舒　松
封面设计	陈若松
出版发行	中央民族大学出版社
	北京市海淀区中关村南大街27号　邮编：100081
	电话：（010）68472815（发行部）　传真：（010）68932751（发行部）
	（010）68932218（总编室）　　　　（010）68932447（办公室）
经 销 者	全国各地新华书店
印 刷 厂	北京鑫宇图源印刷科技有限公司
开　　本	889×1194　1 / 16　　印张：14.75
字　　数	210 千字
版　　次	2024 年 9 月第 1 版　2024 年 12 月第 2 次印刷
书　　号	ISBN 978-7-5660-2413-8
定　　价	210.00 元

版权所有　翻印必究

《寻旅五指山》编纂委员会

主　　任　朱宏凌

副 主 任　陈国梁　喻　倩

委　　员　贾海峰　王琼军　胡国万　王华旭　尹秋艳　张琼华
　　　　　王程东　王海琳　赵茂冰　陈作挺　刘国峰　郭仁欢
　　　　　符策浩　林　豪　黄凌凤　黄　涛

《寻旅五指山》编辑部

主　　编　王华旭

副 主 编　黄　敏　许力盛

编　　辑　陈　珊　刘文生　吴旭海　罗素芳

黎语审校　黄石卿

特邀编辑　李小平　李帅鸿　龚之茹

美术编辑　翁晓君

工作人员　黄育林　卓　珏

五指山市旅游地图

来五指山 森呼吸
享受小城的松弛感
在阳光下citywalk到山城的每一个角落

图例：
- 🔴 景区
- 🟢 住宿
- 🔵 文创店
- 🟠 美食店铺
- 🟢 露营地/村/种植基地/服务中心

① 传艺织娘
② 旅游山庄
③ 鹏来酒店
④ 春和酒店
⑤ 珠江水晶酒店
⑥ 翡翠老鸭店
⑦ 粥王餐馆
⑧ 富家庄早餐店
⑨ 钟厨中餐厅
⑩ 南文早餐
⑪ 琼兔五指山店
⑫ 阿庆嫂早餐店
⑬ 匠品杂粮
⑭ 锦人家
⑮ 仁帝山丽林酒店
⑯ 一品汤王
⑰ 福德菜馆
⑱ 陈记夜宵店
⑲ 民族风味园
⑳ 达埋厚黎旅特产店
㉑ 南圣镇山居日记
㉒ 山水间休闲庄
㉓ 香一品农家乐
㉔ 迎宾酒家
㉕ 金不换农家乐
㉖ 黎蚓风情民宿酒店
㉗ 寓吾乡茶业（水满乡店）

序

"不到五指山，不算到海南"。五指山是海南第一高山，最高峰海拔1867.1米，素有"海南屋脊""琼州水塔"之称，是海南岛的象征，也是我国名山之一。五指山峰峦起伏，成锯齿状，形似五指，故得名。五指山拥有全国分布最集中、类型最多样、保存最完好、连片面积最大的"大陆性岛屿型"热带雨林，面积10万余公顷，与南美洲的亚马孙河流域和印度尼西亚的热带雨林并称为全球保存最完好的三块热带雨林，是全球34个生物多样性热点区域，是海南省的生态保护核心，也是海南省主要江河的发源地，山光水色交相辉映，构成奇特瑰丽的风光。2022年4月11日，习近平总书记到五指山市考察调研时指出："热带雨林国家公园是国宝，是水库、粮库、钱库，更是碳库，要充分认识其对国家的战略意义，努力结出累累硕果。"全市干部群众备受鼓舞、无比振奋，决定把"五指山"这张名片擦得更亮，努力成为民族地区高质量发展的典型。

五指山市，原为通什市，位于海南岛中南部五指山腹地，土地面积1144.28平方千米，辖7个乡镇，1个畅好居，63个村（居）委会。自古至民国期间，通什地区黎族社会具有特色的社会组织——峒。建市前，通什境地分属几经变更，是海南省黎族、苗族群众的主要聚居地。1953年

7月，广东省海南黎族苗族自治区首府驻地从乐东县抱由镇迁驻通什乡；1955年10月，海南黎族苗族自治区改为海南黎族苗族自治州；1986年6月，国务院批准设立通什市（县级）；2001年7月，经国务院批准更名为五指山市。

五指山市属热带山区气候，主要特点为夏长无酷暑，冬短无严寒，昼夜温差大，湿度大，雾天多，阳光充足，热量丰富，除海拔高的地区外，寒潮很少出现，受台风影响较小。"白天是盛夏，入夜便是秋"是五指山市气候的写照。五指山地区生态系统保持完好，空气自净能力强，经科学监测，空气中的二氧化碳浓度值、氮氧化物检验值均低于国家标准下限，空气纯净无粉尘，空气中负氧离子含量每立方厘米1万个以上，位居全国前列。拥有"四个1800"（即1867米的海拔、18.77度的纬度、1887毫米的年降水量、1897小时的年日照时数），是海南的"滤芯""水塔""三江源"和"黎苗文化中心"，素有"海南之肺""翡翠山城"之美誉，四季无寒暑、富蕴水热光，是热带农业生产和康养旅游的宜居之地，先后荣获"全国文化先进市县""全国万里边疆文化长廊先进地区""全国歌舞艺术之乡""国家生态文明建设示范区""全国民族团结进步模范集体""国家级创新型县（市）""中国最具诗意百佳县市""全国生态综合补偿试点市县""国家卫生城市""中国十佳绿色城市""全国百佳深呼吸小城""中国天然氧吧""国家环境健康管理试点城市""全国民间文艺版权保护和促进试点地区""全国城乡交通一体化示范创建县""国家生态文明建设示范区""全国科普示范市""全国民族团结进步示范市""中国气候宜居城市""全国信访工作示范市"等"国字号"荣誉。

山城景色和民族风情是五指山市最主要的旅游内容，有"一山、一林、一情、一城、一路"之说。一山就是五指山，一林就是中部的热带雨林，一情就是中部的黎族和苗族少数民族风情，一城就是五指山的城市旅游，一路就是通贯海南岛中部的公路。山、林、情、城、路紧密相连，融为一体，是典型的"绿色生态"旅游城市。五指山市围绕琼崖革命初心悟园、黎苗文化精神家园、底蕴厚重州府故园、热带雨林国家公园、农旅融合富美田园、四季宜居康养乐园（简称"六园"），把特色优势转化为发展优势，是高质量跨越式发展的第一任务。登临壮丽山峰之巅，探秘热带雨林生态奇观，走进秀美梯田，欣赏秋日红叶，挑战刺激漂流；品尝黎族和苗族竹筒饭、五色饭、山兰酒和水满茶；居住山间民宿，尽享世外桃源、自然空调……

"细风轻雾，锁山城清晓"。五指山市不但拥有山水秀丽之美，林壑幽深之胜，而且还有丰富的文物古迹、优美动人的神话传说。自然、人文、历史、艺术，巧妙地融合在一起，形成五指山独特又丰厚的历史文化。优美的自然风光、怡人的气候条件、独特的民族风情、"二十三年红旗不倒"的革命精神，是五指山不可多得的宝贵资源，继续深挖五指山的文化元素，不仅可以增强地域吸引力，提高旅游产业经济效益，还可以大力弘扬五指山文化，让世界了解五指山，让五指山走向更广阔的世界。

编辑说明

一、本书以马克思列宁主义、毛泽东思想、邓小平理论、"三个代表"重要思想、科学发展观、习近平新时代中国特色社会主义思想为指导，坚持辩证唯物主义、历史唯物主义的立场、观点、方法和实事求是、存真求实的原则，记述五指山市琼崖革命初心悟园、黎苗文化精神家园、底蕴厚重州府故园、热带雨林国家公园、农旅融合富美田园、四季宜居康养乐园建设。

二、本书采用章节体记述，全书共设6章52节，突出乡土特色、地方特色和时代特色，力求达到文约事丰、易于阅读、利于传播的目的。

三、本书正文前不设彩页，图片随文穿插，图文相辅相成。

四、本书资料主要来源于《通什市志》《五指山市志》《追寻红色足迹——五指山市革命遗址故事选编》《海南黎族苗族自治州史》等，引用文献资料在书末列参考文献书目。

五、数字、标点符号遵循国家标准和出版规定，数字书写以《出版物上数字用法》（GB/T 15835—2011）为准，标点符号使用以《标点符号用法》（GB/T 15834—2011）为准。

六、文中纪年，均采用公元纪年，原则上不进行标注。

目录

第一章　琼崖革命初心悟园

第一节　"二十三年红旗不倒"的红色记忆 ………………………… 2

星星之火 ………………………………………………………………… 3

五指山革命根据地的创建 ……………………………………………… 4

三大攻势 ………………………………………………………………… 6

渡海作战 ………………………………………………………………… 7

海南解放 ………………………………………………………………… 9

第二节　海南第一面五星红旗升起的地方 …………………………… 10

第三节　五指山革命根据地纪念园 …………………………………… 11

第四节　五指山市革命遗址 …………………………………………… 14

毛栈、毛贵人民起义遗址 ……………………………………………… 14

"公馆墟"遗址 ………………………………………………………… 16

南圣地方武装遗址 ……………………………………………………… 17

王昭夷老巢遗址 …………………………………………………… 18

琼崖纵队后勤机关遗址合集 …………………………………… 19

第五节　革命先辈人物事迹 …………………………………… 25

冯白驹 …………………………………………………………… 25

王国兴 …………………………………………………………… 29

王玉锦 …………………………………………………………… 31

陈理文 …………………………………………………………… 32

李振亚 …………………………………………………………… 33

刘秋菊 …………………………………………………………… 36

第六节　琼崖公学纪念亭 ………………………………………… 38

第七节　革命传统教育基地：唐干村 …………………………… 42

第二章　黎苗文化精神家园

第一节　黎族风情 ………………………………………………… 44

第二节　黎族五大方言 …………………………………………… 45

第三节　藏在簸箕里的黎家美味：长桌宴 ……………………… 45

第四节　黎族民居：船形屋 ……………………………………… 46

第五节　黎族传统酿酒技艺 ……………………………………… 49

第六节　黎族骨伤疗法 …………………………………………… 49

第七节　黎族织锦，纺织史上的"活化石" …………………… 51

黎族传统纺染织绣技艺 …………………………………………… 52

黎族服装服饰花纹的来源 ………………………………………… 54

主要花纹简介 ……………………………………………………… 55

五大方言区黎族传统服饰特点……58

第八节　民间传说，聆听远古的故事……62

五指山的传说……62

翠花姑娘与五指山……64

五指山与七指岭……65

大力神传说……66

鹿回头的传说……68

甘工鸟的传说……69

龙凤梯田的传说……70

山兰稻种的传说……73

槟榔果定亲的传说……75

黎族过海先民盖船形屋的传说……76

咕嘎：毛纳村青蛙图腾的传说……77

黎王保黑马当的传说……79

杀老鹰精与"三月三"节的传说……81

苗族"三月三"节的传说……82

太平山……82

白发瀑布的传说……84

冯公征黎的传说……86

第九节　黎族歌舞，原始的民间艺术……86

黎族打柴舞……87

黎族舂米舞……89

黎族共同舞……89

黎族现代情歌：《久久不见久久见》……91

五指山茶歌·· 92

原野之声：探索黎族文化的音乐之旅·· 93

第十节　茶乡传说：聆听五指山的茶文化传奇··· 97

五指山风物——海南大叶种茶·· 97

华夏第一早春茶·· 101

黎族传统制茶技艺··· 102

五指山红茶··· 103

第十一节　黎语地名，忘不掉的乡愁·· 103

水满乡··· 104

畅好乡··· 106

毛道乡··· 109

通什镇··· 111

南圣镇··· 115

毛阳镇··· 117

番阳镇··· 120

第十二节　苗族风情··· 122

苗族"三月三"节·· 123

海南苗绣·· 124

苗族五色饭··· 126

海南苗族盘皇舞··· 127

海南苗族招龙舞··· 129

第十三节　山城盛宴：品味不一样的美食佳肴··· 130

会上树的鸡：蚂蚁鸡··· 130

五只脚的猪：五脚猪··· 131

不回家的牛：小黄牛 ··· 131

会冲浪的鱼：石鲮鱼 ·· 132

吃鱼虾长大的鸭子：水满鸭 ·· 132

会漂流的小鱼虾：五指山小河鲜 ·· 133

鱼非鱼，茶非茶：五指山鱼茶 ··· 133

丰富多样的野菜：五指山野菜 ··· 134

来自自然食材的酸味：五指山酸汤鱼 ·· 136

一家煮山兰饭全村香：山兰米 ··· 137

山兰酒（biàng酒）·· 138

五彩船形粽 ··· 138

第十四节 黎族精神家园 ··· 139

黎族"三月三"节 ·· 139

黎族知识简介 ··· 140

"三月三"增设袍隆扣祭祀大典 ··· 141

五指山黎峒文化旅游区 ··· 142

黎族精神家园 ··· 143

第十五节 海南省民族博物馆（海南黎族文物第一馆） ·········· 144

第三章 底蕴厚重州府故园

第一节 海南黎族苗族自治州记忆 ······································ 148

海南黎族苗族自治区（州）的成立 ··· 148

党和人民政府对海南黎族苗族自治州的关怀 ······························ 149

海南黎族苗族自治州民族文化艺术繁荣发展 ······························ 151

第二节　海南黎族苗族自治州党委办公楼……………………………………… 153

第三节　海南黎族苗族自治州人民政府办公楼…………………………………… 154

第四节　海南黎族苗族自治州人民政府新办公楼………………………………… 155

第五节　"州府故园"钟楼……………………………………………………… 156

第六节　"州府故园"文化节…………………………………………………… 157

第四章　热带雨林国家公园

第一节　岩峦云霄：登顶五指山的壮丽山峰之巅………………………………… 160

第二节　热带奇观：探秘五指山的热带雨林生态奇观…………………………… 161

植物界的"活化石"——海南苏铁……………………………………………… 162

木中钢铁——坡垒………………………………………………………………… 163

山鹧鸪……………………………………………………………………………… 164

金斑喙凤蝶………………………………………………………………………… 164

第三节　海南热带雨林国家公园五指山片区……………………………………… 165

第四节　五指山水满河热带雨林风景区…………………………………………… 167

第五节　石刻碑刻………………………………………………………………… 168

第六节　五指山之声：雨林音乐会………………………………………………… 169

第七节　五指山之韵：雨林服装秀………………………………………………… 171

第五章　农旅融合富美田园

第一节　黎族风情：毛纳村………………………………………………………… 174

第二节　水满乡方诺寨雨林共享农庄……………………………………………… 178

第三节　枫叶飘香：欣赏五指山的秋日红叶之美·············179

第四节　梯田幻影：走近五指山的秀美梯田景观·············181

第五节　黎族传统村落的"活化石"：初保村·············182

第六节　山村欢歌：日子越过越红火·············185

指纹茶园（永训村）·············185

新村村（水满乡唯一苗村）·············186

水满村·············187

同甲村·············187

永忠村·············188

南圣荷花基地（南圣村）·············189

苗族爱情村——新民村·············190

毛道乡凤凰花·············190

空洪遗址（空洪村）·············191

合亩制黎寨（毛道村委会）·············193

五指山海拔最高古村落：番赛村·············195

第七节　五指山"村秀"：秀出和美乡村好光景·············196

第六章　四季宜居康养乐园

第一节　五指山母亲河——南圣河·············200

第二节　漂流之悦：体验五指山的刺激漂流·············202

第三节　阿陀岭森林公园·············205

第四节　阿陀岭"皇后赛道"·············206

第五节　朱德亭·············208

第六节　海南第一村——南国夏宫……………………………………………209

第七节　健康主题公园——翡翠公园……………………………………………210

第八节　山城"后花园"——太平山………………………………………………211

第九节　畅好居场部大剧院…………………………………………………………212

第十节　桫椤公路……………………………………………………………………214

参考文献……………………………………………………………………………217

后　记………………………………………………………………………………218

第一章 琼崖革命

初心悟园

五指山市是海南岛第一面五星红旗升起的地方，是琼崖革命"二十三年红旗不倒"精神的圣地，是海南省著名的红色文化名城，更是一座传递革命精神的"博物馆"。琼崖纵队孤岛奋斗，艰苦卓绝，"二十三年红旗不倒"的精神闻名于世，是海南省革命红色文化的精神典范。走进五指山革命根据地纪念园，一幅幅弥足珍贵的资料图片，一件件充满故事的革命文物，一尊尊逼真的人物雕塑以及震撼人心的历史场景还原，将为您掀开历史的面纱，重温革命峥嵘岁月。

第一节 "二十三年红旗不倒"的红色记忆

海南，又名琼崖。从1927年9月23日椰子寨战斗打响，掀起全琼武装总暴动序幕，到1950年5月1日，中国共产党解放海南岛，冯白驹领导的琼崖纵队在其中发挥了关键的作用。他坚持孤岛奋战，带领这支由农民组成的武装队伍，铸就了"二十三年红旗不倒"的传奇历史。

▲ 五指山革命根据地纪念园（市委宣传部 提供）

1949年，周恩来评价琼崖纵队："海南的斗争坚持了二十多年，红旗不倒，这是很大的成绩。"1950年年初，毛泽东指出了解放海南岛的两个有利因素，其中之一就是"有冯白驹的配合"。

如今的五指山革命根据地纪念园背靠巍巍青山，前方绿水长流，一座纪念碑伫立于青山白云间，顶部的红旗似烈火般鲜红。这座五指山革命根据地纪念碑高23米，寓意着"孤岛奋战，二十三年红旗不倒"，无声地诉说着那段峥嵘岁月的红色足迹。

星星之火

1927年8月1日，南昌起义打响了中国共产党武装反抗的第一枪，随后八七会议召开，中国革命开始历史性转变。为了配合湘、鄂、赣、粤四省的秋收起义，9月23日，在琼崖特委（1927年4月，中共琼崖地方委员会改为中共琼崖特别委员会，简称"琼崖特委"）的直接指挥下，包括琼山在内的各县工农武装组成的"琼崖讨逆革命军"，进攻嘉积（今琼海市嘉积镇）外围的椰子寨，揭开了琼崖武装总暴动的序幕。

琼崖讨逆革命军，后来先后发展成为琼崖工农革命军、琼崖工农红军、琼崖抗日独立队、琼崖抗日独立纵队等。椰子寨战斗这一天，是琼崖纵队的诞生纪念日，也是"二十三年红旗不倒"的起始日。从椰子寨战斗打响第一枪，直到1950年海南岛解放，我们的武装斗争没有间断，一直在战斗。

椰子寨战斗中，年仅27岁的琼崖早期革命领导人杨善集牺牲了，但全琼武装总暴动的烈火从此愈烧愈旺，尤其是1927年12月，徐成章率部南征，两个月内横扫400余里，所到之处，苏维埃红色区域连成一片。面对琼崖革命的燎原之势，1928年3月中旬，国民党广东当局派第十一军第十师师长蔡廷锴率4000余人，在地方反动武装的配合下，"围剿"年轻的琼崖苏区和红军。1928年12月，为保存革命力量，王文明率红军130余人以及琼苏政府直属机关等600余人，向母瑞山转移，开辟了新的革命根据地。

🟢 五指山革命根据地的创建

1932年，国民党当局调陈汉光部由粤入琼进攻琼崖红军及苏区，后陈汉光改"抚黎局"为"琼崖抚黎专员公署"，自任抚黎专员。1935年年初，陈汉光从巩固国民党在海南的统治地位角度出发，为国民党广东省政府草拟了在黎族中心地区建县的方案。同年4月，国民党广东省政府批准设立白沙、保亭、乐东3县。至此，黎族中心地区结束了无县治的历史。

1939年，日本侵略者占领琼崖后，国民党顽固派为保存实力，从定安县退到五指山地区，仅白沙县就聚集着国民党琼崖守备司令部、琼崖专员公署，以及儋县、临高等8个流亡县政府。国民党顽固派对黎族、苗族同胞进行残暴的统治和压迫，苛捐杂税多如牛毛。

1940年11月，日军进入白沙县东北部的南丰一带，不断向白沙县红毛等地进犯。当地的黎族群众奋起抗击，并派出几名青年向驻扎在附近的国民党军队求援。岂料这些国民党军队非但不支援黎族群众的抗日行动，反而以"造谣惑众"的罪名逮捕了这几名青年，激起了黎族群众极大的愤怒。1942年，王国兴等黎族首领以红毛乡为据点，开始酝酿起义。

1943年春节前后，在红毛乡德伦山和什千山，分别召开了两次由各乡首领和苗族首领邓明仁参加的会议，讨论武装起义反抗国民党反动统治。与会代表一致推举王国兴为起义总指挥。1943年6月，琼崖国民党反动当局悍然制造了"中平惨案"，杀害了1900多名苗族同胞，进一步激化了黎族、苗族人民与国民党反动统治之间的矛盾。王国兴召开首领会议，大家一致同意歃血为盟：第一，同心同德，驱逐国贼（国民党反动派），黎族、苗族自治自理；第二，同生共死，永不叛变；第三，谁投降国贼，就杀死谁。在8月12日至26日白沙起义期间，参加起义的黎族、苗族同胞两万多人，打死打伤敌人300多人，缴获轻机枪1挺、步枪90余支以及部分弹药物资。白沙县境内的国民党军政机关和部队几乎全部被赶出白沙县境，起义取得了初步的胜利。

这次起义，五指山地区的黎族、苗族同胞凭借原始、简陋的武器，打击装备精良的国民党正规部队，斗争规模之大、之激烈，在琼崖少数民族革命斗争史上是罕见的。白沙起义最后虽然受挫，但意义和影响是极其深远的：沉重打击了国民党顽固派在五指山地区的统治势力，动摇了国民党顽固派在五指山地区的统治基础，加速了中共琼崖特委创建抗日根据地的步伐，对后来创建五指山革命根据地，夺取抗日战争和解放战争的胜利都起了巨大的作用。

1947年春，正当全琼军民积极反击国民党军蔡劲军部对万宁六连岭、定安内洞山等根据地的第二次重点"清剿"之时，中共琼崖特委为贯彻执行中共中央关于扩大革命根据地的指示和临时委员会书记联席会议的决议，决定抽调部分兵力，开辟以白沙、保亭、乐东为中心的五指山革命根据地，将其作为坚持琼岛斗争的巩固后方和战略基地。白沙、保亭、乐东3县处于五指山区，位于海南岛的地理中心，方圆1万多平方千米，人口30多万。这里群山耸立、丘陵起伏、地势险要、易守难攻，是建立革命根据地的理想地区。

五指山革命根据地的建立，是琼崖区党委（成立于1947年5月）从琼崖斗争实际出发，正确贯彻中共中央的指示，适时做出决策并全力实施的结果，是琼崖解放战争中具有重大战略意义的关键之举，使琼崖党和军队有了一个位处全岛中心、便于指挥全琼、进可攻、退可守的巩固后方基地，解除了后顾之忧，在斗争中真正掌握了主动权，这对保证琼崖解放战争的顺利进行和深入发展起到巨大的作用。

五指山革命根据地是中共琼崖地方组织在革命战争年代创建的最大的根据地。虽然建立的时间较晚，但对夺取琼崖人民革命斗争的最后胜利，起着极大的重要作用。

冯白驹在解放后评价说："五指山根据地的建立，虽然时间不久，但在支持与发展后期海南人民革命战争上是有重大贡献的。没有这个根据地的建立，我们就不会有1948年与1949年秋春两季攻势的伟大胜利；没有这个根据地的建立，我们就会很困难或不可能应付国民党在解放前夜那样压倒优势力量的进攻；也可以说，没有这个根据地的建立，对于配合大军渡海登陆作战解放海南的任务，非但会受到影响，恐怕甚至不能起多大作用。"

三大攻势

1948年秋，全国的军事、政治和经济形势发生了更加有利于人民的重大变化。在人民解放军战略进攻之下，国民党军队屡战屡败，被迫由全面防御转为重点防御。琼崖的形势也朝着有利于人民的方向发展。韩汉英接替蔡劲军掌握国民党琼崖的党、政、军大权后，在琼崖纵队的沉重打击下，其历时三个月的"清剿"行动失败，已无力全面防御，只能退守海口、嘉积、三亚、那大等市县以及一些重要据点，所统治的区域仅占琼崖总面积的五分之一。与此相反，琼崖纵队在斗争中不断发展壮大，已拥有三个总队共7500余人的兵力，还有1400人的地方武装和1万多人的民兵队伍，战斗力得到很大提高，而且积累了打运动战和攻坚战的经验，琼崖纵队逐渐掌握了战场主动。五指山解放区经过土地改革，大力发展生产，进行经济、政治、文化建设，成为稳固的大后方，为解放军进行大规模作战奠定了基础。琼崖解放战争出现新的转折点，琼崖纵队从战略防御转入战略进攻的时机已经成熟。

1948年9月至1949年7月，琼崖区党委根据中共中央9月会议的精神，配合全国解放战争，大量消灭敌人有生力量，加速琼崖解放的进程，实施"进攻、发展的战略方针"，领导琼崖纵队先后发起大规模的秋、春、夏季三大军事攻势。

为贯彻中央军委关于"在全国各个战场发起秋季攻势"的指示，琼崖区党委和琼崖纵队总部在白沙县毛贵乡（今五指山市毛阳镇毛贵村）召开作战会议，具体研究和制定发动秋季攻势的作战计划，确定琼崖纵队攻击方向为琼东南地区，并把陵水作为秋季攻势的突破口。秋季攻势历时68天，攻克和解放了兴隆、石壁等18座圩镇，拔除了20余处中、小据点，使陵水、万宁、乐会和定安县的大片地区得到解放，五指山解放区进一步扩大和巩固。秋季攻势结束后，根据中共中央指示，琼崖纵队进行了整编，各总队的支队、大队、中队分别改为团、营、连的建制。从1949年3月4日开始，琼崖纵队发起为期3个月的春季攻势。

由于春季攻势大举获胜，琼崖纵队军威大振，各地优秀青年踊跃参军，武器装备也有了很大改善。反之，琼崖国民党军普遍厌战、惧战，琼崖国民党统治已呈末路之势。鉴于全国革命形势的迅猛发展及敌我力量对比的变化，琼崖区党委和琼崖纵队总部把握时机，又发动了夏季攻势。

琼崖纵队三大军事攻势前后历时10个多月，捷报频传，在琼崖革命斗争史上写下了光辉的一页。三大军事攻势的发动及其所取得的重大胜利，将长期处于战略防御地位的琼崖革命武装斗争和解放战争引向战略进攻，改变了敌强我弱的总态势，起到推进和加速琼崖解放的作用。不仅使琼崖人民军队的政治工作、支前工作迈上新台阶，也使其作战能力获得空前提高，取得较大规模运动战，尤其是攻坚战的成功经验，实现中共中央向琼崖提出的"学会集中主力打运动战""学会打大仗"的要求；大量歼灭琼崖国民党军队的有生力量，进一步扩大和巩固以五指山为中心的琼崖解放区，为配合人民解放军野战军主力渡海作战、最后解放琼崖打下坚实的基础。

渡海作战

1949年秋，正当全国解放战争取得决定性胜利、琼崖解放在望的时刻，国民党第五十军第三十六师和山东省保安旅及其他番号的部队，继第二十三兵团的第三十二军之后，纷纷从内地溃逃到琼崖。随着国民党军在内地的全面溃败，除台湾外，琼崖亦成为国民党各派系特别是桂系军阀的觊觎之地。国民党军人数骤增，使琼崖斗争形势发生了新的变化。

早在1949年年初，周恩来在河北省平山县西柏坡接见琼崖代表李独清时就曾指出，野战大军过江后，"蒋介石有可能退守台湾、海南二岛，负隅抵抗，这样就会给你们造成预想不到的困难。你们当前的主要任务，就是坚持斗争，巩固根据地，发动群众，打好基础，站稳脚跟，同时做好分化瓦解敌人的工作，等待时机，积极配合大军解放海南岛。""你们在地理位置上是孤岛，但你们在军事及政治斗争上绝不是孤立的，你们的斗争与全国是密切联系的。毛主席和党中央经常关怀着你们，全国各个战场的胜利都在支持着你们。""海南的斗争坚持了二十多年，红旗不倒，这是很大的成绩。党中央相信你们一定能够克服困难，坚持到最后胜利。"琼崖局势的发展，完全证实了周恩来预见的正确性。

1949年10月1日，中华人民共和国成立。马白山、王国兴和李独清同全体代表一起登上天安门城楼，参加了开国大典。

人民解放军第四野战军于1949年10月14日解放广州。11月2日，冯白驹就"琼崖军情与请示早日布置解放琼崖战争"问题致电中共中央及中共中央华南分局，指出国民党溃军来琼后疯狂抢夺，如琼崖不能早日解放，琼崖人民必罹巨大灾难，琼崖情况可能暂时走向恶化，建议在雷州半岛解放后接着布置解放琼崖的战争。11月下旬，第四野战军在廉江、博白地区歼灭了白崇禧所属的张淦兵团，继而横扫雷州半岛残敌，为渡海解放琼崖扫清了道路。

就在第四野战军雄师浩浩荡荡地向雷州半岛挺进的同时，琼崖区党委和琼崖纵队接到中央军委关于接应野战军渡海登陆的命令。1950年1月1日，中共中央发表《告前线将士和全国同胞书》，向人民解放军全体指战员和全国人民明确地指出："1950年的光荣战斗任务是解放台湾、海南岛和西藏，完成中国统一事业。"1月2日，中共中央华南分局作出《关于支援海南岛作战决定》，指示各级党政机关必须全力支援海南岛作战，并迅速筹集大量船只、船工、经费、器材和做好各种应有的充分准备；提出"一切为着争取海南岛战役的胜利"的口号。1月3日，琼崖区党委和琼崖纵队又接到中共中央华南分局的指示，琼崖"应集中全部力量，进行迎接并支援大军渡海作战解放琼崖之准备工作"。在此前后，第十五兵团委托粤桂边纵队派其参谋处处长、原琼崖纵队干部王山平携带电报密码等渡海至琼，与琼崖纵队建立了无线电联系。琼崖区党委立即在五指山解放区的毛贵召开党、政、军负责人会议，传达中共中央、毛泽东主席的指示，分析琼崖形势，对如何做好迎接野战军渡海作战的各项准备工作，进行详尽的研究和讨论，发出《关于配合大军渡海解放全琼的紧急工作指示》。琼崖党、政、军、民为迎接和配合野战军渡海作战，竭尽全力，为海南岛的解放作出了重大贡献。

1950年3月至4月，由于中南、华南地区人民的大力支援，海南岛战役的各项准备工作基本就绪。人民解放军野战军按预定作战方针，首先派出四个先锋部队分两批四次潜渡海峡，野战军主力随后大举登陆，在琼崖革命军民的接应、配合下解放琼崖。

海南解放

1950年4月16日，在人民解放军野战军发起大规模渡海作战的同时，中共中央华南分局、广东军区、广东省人民政府发表《告海南岛同胞书》和《告海南岛国民党军官兵书》。《告海南岛国民党军官兵书》号召岛上的国民党军队立即停止抵抗，放下武器，接受人民解放军改编。4月21日，人民解放军第四十军、第四十三军主力与琼崖纵队第三总队及独立团同时向国民党军发起猛烈攻击，乘胜追击溃逃的国民党军残部，解放澄迈县城。至此，黄竹、美亭决战胜利结束，给国民党军队以沉重打击，瓦解了薛岳部署的环岛防御体系的核心阵地——琼北守备区，动摇了国民党当局防守海南岛的信心，对整个战局的发展起着决定性作用。4月23日，人民解放军野战军直捣国民党在海南的军政首府——海口、府城。海口市的解放，标志着国民党在海南岛统治的崩溃。为迅速扫清残敌，野战军在琼崖纵队和琼崖人民的配合下，不顾疲劳，冒着酷暑，向南猛追疾进，势如破竹——先后攻占文昌县城，直插文昌清澜港，折向嘉积南下，解放琼东县城，继而又向乐会、万宁、陵水方向追击，乘胜占领崖县县城，直至海南全岛宣布解放。

中共琼崖党组织领导全琼革命军民经过多年艰苦卓绝、前赴后继的英勇斗争，最后配合人民解放军野战军渡海作战，取得解放海南岛的伟大胜利。第四野战军第四十军在总结海南岛登陆作战时指出："在渡海登陆作战中，自始至终是在琼崖纵队紧密配合和广大人民群众直接支援下进行的，这是取得战役胜利的根本保证。"

1950年6月2日，中共琼崖区委员会改为中共海南岛区委员会，冯白驹任书记；7月，中国人民解放军琼崖纵队改编为中国人民解放军海南军区，冯白驹任司令员兼政治委员。在中国共产党的领导下，新的海南地方党政组织继续带领全岛各族人民，保持和发扬琼崖革命武装斗争"二十三年红旗不倒"的光荣传统，信心百倍、昂首阔步地跨入了社会主义革命和建设新的历史时期。海南岛历史从此揭开了崭新的一页。

第二节 海南第一面五星红旗升起的地方

1949年9月28日晚，时任琼崖西区地委电台台长王禄贵收听到新华社发布的"国旗制法说明"电报，内容如下："新华社28日电，中国人民政治协商会议第一届会议主席团今日公布中华人民共和国国旗制法说明如下：旗面为红色，长方形，其长与高为三与二之比，旗面左上方缀黄色五角星五颗，一星较大，其外

▲ 海南第一面五星红旗升起的地方雕塑（黄敏 摄）

接圆直径为旗高十分之三,居左,四星较小,其外接圆直径为十分之一,环拱于大星之右……"当时的五指山革命根据地极其缺乏制作材料,找不到一块黄色布料,黎族、苗族同胞提出:自己染黄布,针缝五角星!大家就地取材找来黄姜,将其捣碎与白布一起浸泡染黄,而后将染好的黄布剪成一颗颗五角星,心灵手巧的妇女再把五角星一针一线地缝在红布上。就这样,琼崖大地上的第一面五星红旗诞生了。

10月1日黎明,五指山革命根据地放响12门礼炮,军号声和欢呼声四起。早上6点整,解放区的人民集中在区党委前的广场上,琼崖党政军干部、战士以及黎族、苗族同胞几千人举行庄重的升旗典礼。在激昂的军乐声中,海南岛上第一面中华人民共和国五星红旗徐徐升起,人们兴奋激动地高喊"中华人民共和国万岁!""中央人民政府万岁!"等口号。早上8点,庆祝大会正式开始,琼崖人民政府主席冯白驹在讲话中号召琼崖军民,在中共中央、毛泽东主席的英明领导下,团结奋战,抗击败逃来琼的国民党军队。并指出:"我们现在虽然是孤军作战,但我们的斗争从来都不是孤立的,解放了华南的人民解放军野战兵团一定会来支援我们,岛上的残兵一定会被消灭,胜利的曙光一定会照亮琼崖的每一个城镇乡村。"

这面五星红旗的升起极大鼓舞了琼崖纵队的战士们,他们英勇奔赴前线,积极配合南下解放军登岛作战。次年,海南岛顺利解放,铸就了琼崖革命"二十三年红旗不倒"的光辉历程和峥嵘岁月。

第三节　五指山革命根据地纪念园

五指山革命根据地纪念园位于五指山市毛阳镇毛贵村委会唐干村附近。

抗日战争爆发后,五指山地区黎族、苗族人民与全国各族人民一道迅速投入抗日战争的行列。1940年11月7日,中共中央书记处指示琼崖特委,要充分认识到少数民族聚居地五指山区是党长期抗战的可靠根据地,只有依靠这个山区作为巩固的后方,才能坚持长期抗战。1943年春,琼崖特委领导机关撤出琼文根据地,向澄迈县六芹山转移,准备逐步向白沙县挺进。1943年8月,黎族首领王国兴、王玉锦等领导黎族、苗族同胞发动的白沙起义失败后，派人寻找琼崖党组织，主动接受中国共产党的领导，为创建五指山革命根据地创造了条件。1945年1月，琼崖党政军领导机关迁到白沙县阜龙乡的文头山，开辟白沙抗日根据地。抗日战争胜利后，琼崖国民党当局撕毁停战协定，破坏革命根据地，挑起琼崖全面内战。为贯彻执行中共中央关于发展全琼、夺取全琼并向南路发展的战略部署，总结一年来自卫斗争的经验教训和研讨在新的形势下的新决策、新任务，1946年12月12日至19日，中共琼崖特委在澄迈县加总乡（今屯昌县南坤镇）召开临时委员会书记联席会议，作出关于建立以白沙、保亭、乐东为中心的五指山革命根据地决定。

1947年1月，中共琼崖党政军领导机关进驻白沙县红毛峒，着手开辟白沙、保亭、乐东根据地，作为支持琼岛斗争的巩固后方和战略基地。4月初，中共琼崖特委和琼崖独立纵队司令部从除第三支队一个大队外的各支队抽调一个小队和警卫营合编为前进支队，由符振中任支队队长、文度任政委、郑章任副支队长，进入五指山区开展工作。4月10日，前进支队通过五指山，袭击水满据点的国民党地方武装王政强部。4月15日，配合第三支队攻克保亭县城。五指山地区解放区域不断扩大。4月29日，中央军委电复琼崖特委："琼崖根据地在五指山初步建立是一大胜利。"5月20日，前进支队攻克番阳峒敌军据点，逐步消灭保亭、乐东两县残敌，初步奠定了创建五指山中心根据地的基础。5月26日，中共琼崖第五次代表大会闭幕，决议迅速扫清保亭、乐东的国民党守军残余力量。5月底，琼崖独立纵队命令镇南队配合前进支队迅速消灭保亭、乐东残敌。

6月17日，白保乐边区行政委员会成立，王国兴任主任委员，加强对地方工作的领导。王国兴积极执行党的方针政策，协同土改工作团做了大量工作，团结和争取黎族、苗族群众的支持，为全面建立五指山革命根据地打下了坚实群众基础。1948年1月，琼崖纵队第三总队副总队长陈求光和政治部主任陈岩率领第七支队和第九支队，分两路向保亭进军，再次攻克保亭县城，解放保亭全境。由琼崖纵队参谋长马白山和代总队长陈武英、政治委员吴文龙、副总队长郑章指挥的第五总队两个支队和第一总队的第一支队，解放白沙全境后，分两路向乐东挺进，6月6日，乐东县全境解放。至此，白（沙）、保（亭）、乐（东）解放区连成一片，五指山革命根据地正式形成。

　　五指山革命根据地位于海南岛五指山区，其范围包括当时白沙、保亭、乐东三县的大部分地区（今白沙黎族自治县、保亭黎族苗族自治县、乐东黎族自治县、五指山市、琼中黎族苗族自治县部分），方圆1万多平方千米。以中共琼崖区党委、琼崖临时民主政府（1949年7月13日改为琼崖临时人民政府）和琼崖纵队司令部驻地白沙县二区毛贵乡（今五指山市毛阳镇毛贵村委会）为中心区，在海南革命历史上留下了光辉篇章。

　　五指山革命根据地纪念园建于2001年，是经国家批准的100个在著名革命根据地立项建设的红色旅游景点，被列入全国30条经典旅游线路。纪念园以原琼崖纵队司令部旧址为依托，内建有纪念碑及浮雕、纪念园广场、烈士陵园、英雄林、展陈馆、纪念馆和接待中心等，是以爱国主义教育基地为主体，集观光、度假、休闲为一体的红色旅游胜地。园区内的纪念碑高23米，象征着海南23年红旗不倒的光辉历史，见证了琼崖革命先烈在解放海南中的丰功伟绩。当年，就在这

▲ 五指山革命根据地纪念园（黄敏　摄）

第一章　琼崖革命初心悟园

片坡地上，冯白驹率领琼崖党、政、军首脑机关，运筹帷幄，发动和指挥了1948年秋季和1949年春季、夏季三大攻势战役，迎接和配合大军渡海作战，最终迎来了全海南的解放。

第四节　五指山市革命遗址

毛栈、毛贵人民起义遗址

毛栈、毛贵人民起义遗址位于五指山市毛阳镇毛栈村委会方满村，毛兴村委会毛兴村、南乐村、毛阳河一带。

日本侵略者占领琼崖后，国民党顽固派退到五指山地区。他们对黎族、苗族同胞进行残暴的统治和压迫，苛捐杂税多如牛毛。黎族、苗族人民认识到只有团结起来，进行武装斗争，才能得到民族解放。1942年7月，红毛乡乡长王国兴召集各保长到红毛乡德伦山（今琼中黎族苗族自治县红毛镇驻地附近）开会，讨论如

▲ 毛栈、毛贵人民起义遗址——毛阳镇毛兴村委会毛兴村（李帅鸿　摄）

何反抗国民党顽固派的斗争。会上，王国兴决定派王家总、王明宏到毛贵、毛栈、毛扬（今五指山市毛阳镇）、什运乡（今在琼中黎族苗族自治县境内），王明芳到番阳乡，王高定到水满乡，王家芳到通什（今五指山市通什镇）地区发动群众。

1943年春，王国兴在红毛乡什合茂村召开了16个乡、100多人参加的筹备会议，决定于1943年8月17日晚起义。王国兴同时派人邀约水满乡乡长王家兴共同起义。还未起事，就被掌管实权的水满乡民团中队长王鸿信和世袭水满峒总管王管西之子、白沙县招抚员王理文发觉，王家兴和王业文父子俩遭到残忍杀害。是年6月，王国兴又紧急召开白沙二区红毛、水满、毛栈、毛贵等乡的保甲长会议，决定毛栈的王老朋、毛贵的王元喜两位头人负责指挥毛栈、毛贵的起义队伍，攻打驻在该地的国民党乐东县政府。同年8月12日，白沙、元门、牙义等乡4000多名起义群众在王亚福、符尤相、符焕昌、符杜刚、马亚明（苗族）等人的率领下，向国民党白沙县政府和国民党白沙县中队发起攻击。敌人向毛栈乡方向仓皇逃窜。8月18日凌晨，王老朋、王元喜等头人按照王国兴的指示，带领毛栈、毛贵的起义群众300多人，攻打从白沙一区（今白沙黎族自治县境内）逃到毛贵乡毛兴村的国民党感恩县政府及其军队，打死敌人四名，缴获步枪四支。此后，攻打从一区逃到章南堡村的国民党昌江县政府及其军队，敌人闻风逃走。

8月19日凌晨，王老朋、王元喜带领起义军500余人，攻打驻扎在毛贵乡章支康村的国民党乐东县政府及其武装人员，敌人趁起义军吃饭之机突然逃跑。与此同时，敌人从乐东方向派出一个连，支援王弼的国民党守备二团，先是在毛栈、毛贵一带遭到起义军阻击，后王国兴、王玉锦率部和毛栈、毛贵以及从白沙一区前来支援的起义军共3000余人会师，合围国民党守备二团。

8月20日凌晨至22日，王老朋指挥起义军攻打驻在昌否湾据点的国民党苏启辉中队。起义军在毛阳河边与敌兵展开肉搏战，歼敌30余人，缴获步枪30多支。接着，起义军挥师乘胜追击，攻打驻扎在什统黑的国民党军机关枪连，歼敌40名，缴获机枪1挺、步枪40支，残敌往营根方向逃窜。毛贵、毛栈之敌基本肃清，起义取得阶段性胜利。

8月26日凌晨，王国兴通知各路起义军对守备二团共同发起攻击，整个战斗持续八九天时间，打死打伤敌人50多名。

红雅、通什等地的起义群众也向驻在当地的国民党崖县政府发起攻击并将其赶跑。

一个多月后，国民党顽固派纠集1000多人的兵力，分三路向白沙县进行反扑。其中一路由守备二团团长王弼指挥所属部队300余人，从加钗向红毛、毛栈、毛贵一线进攻。王老朋、王元喜等头人带领起义军奋勇迎击。后因毛阳乡乡长王玉进叛变投敌，给敌人带路把起义军包围。在弹尽粮绝的情况下，王老朋、王元喜带领80多人撤到毛兴岭，王老难、王老伦也率60名起义军退守亲乒岭，后全部转移到鹦哥岭与王国兴等人会合，继续坚持斗争。

遗址现有村庄、河滩、草地、林地等。

"公馆墟"遗址

"公馆墟"遗址位于五指山市水满乡水满墟。

清光绪十三年（1887年），广西提督冯子材巡视水满峒，授意建墟集市，命名为"公馆墟"。

抗日战争胜利后，掌管水满乡政权的是王政强、王政群兄弟。王政强改任白

▲ "公馆墟"遗址（李帅鸿　摄）

沙二区常备中队长，王政群改任水满乡"剿共"副总指挥。兄弟俩协同水满乡"剿共"总指挥王玉进，纠集几十名武装乡丁，配有轻机枪一挺，流窜在"公馆墟"和王政强、王政群的家乡牙排村，欺压群众，防共反共，成为五指山腹地一股顽固的土豪匪帮。1947年4月10日，在水满乡民主政府干部、民兵等十多人向导下，琼崖独立纵队前进支队绕道通过五指山，袭击水满乡据点的国民党地方武装王政强部，歼敌30余人。5月，马白山等指挥琼崖独立纵队前进支队攻打通什、南圣的地方反动武装后，越过九曲岭攻占保亭县城，继而进入水满乡，歼击国民党王政强、王政群的残部。9月，前进支队和第二支队在马白山统一指挥下，夜袭水满乡"公馆墟"的保安队两个连，迫使敌人次日撤逃，扫除了向保亭进军的障碍。

遗址现建有办公楼、居民住宅、商店、饭店、宾馆、市场等。

南圣地方武装遗址

南圣地方武装遗址位于五指山市南圣镇南圣墟。

1947年，琼崖独立纵队第三支队围攻驻南圣的国民党王光华和王昭信部。5月20日，琼崖独立纵队前进支队在琼崖独立纵队参谋长马白山、前进支队队长

▲ 南圣地方武装遗址（李帅鸿 摄）

符振中的指挥下，兵分两路向驻守在通什、南圣的"地头蛇"、国民党地方武装吴觉群（王昭夷第二夫人，人称二嫂）及王光华（王昭夷在南圣老巢的管家）进攻。当前进支队先头部队进入距文化市（今南圣墟）六七公里处，敌人首先从正面小山包开枪射击。马白山当机立断，命令一中队智取文化市，敌人土崩瓦解，部队进驻南圣、畅好、毛岸、番道等乡。许多原来受到欺骗胁迫参加国民党王光华部的士兵，自文化市战斗被打散后，有的躲藏在山林里，有的隐匿在村寨中，经过前进支队工作队的宣传争取和父老乡亲的真情规劝，他们都先后弃暗投明并交出武器弹药。

南圣地方武装遗址现有办公楼、民居、商店、农贸市场等。

王昭夷老巢遗址

王昭夷老巢遗址位于五指山市南圣镇南圣村小学的东侧山包上。

1929年，国民党琼崖南路"剿共"副总指挥王昭夷一面在外"剿共"，一面又在居住地南圣（今五指山南圣镇南圣村委会南圣村）霸占百姓的土地。在霸占田地过程中，与南圣的商人王新发生矛盾，便诬陷王新是中共地下党员，对其强行抄家，并霸占了王新的几十亩良田。王新祸从天降，想方设法寻找红军为其

▲ 王昭夷老巢遗址（李帅鸿　摄）

报仇雪恨。1929年，琼崖红军派出王新的两位老乡和其他五位红军指战员，随王新秘密进入南圣地区。后转移到牙畜村与番那村之间的一个山头住下，着手发动和组织当地黎族群众参加革命工作。大年三十下半夜，红军指战员率领牙畜、番那、什千、什边、番慢、什文、番香、福安、昌冲、番道、什阳、什翁12个村庄的黎族群众200多人，包围王昭夷的南圣村驻地。起义群众路经文化市（今南圣镇）时，被临时驻在文化市的王昭夷部属发现，双方交火。经过一番激战，王昭夷的部属抵挡不住，保护王昭夷撤退，从九曲岭逃回保亭营。起义的黎族群众捣毁了王昭夷在南圣村的驻地。战斗结束后，红军撤回到部队。

王昭夷老巢遗址现由个人承包，并种植橡胶、槟榔、芭蕉等经济作物。

琼崖纵队后勤机关遗址合集

◆ 琼崖纵队军械厂遗址

琼崖纵队军械厂遗址位于五指山市番阳镇孔首村委会牙浩村的东北方向约500米处。原乐东县县长、自治州林业局局长胡国珍（牙浩村人）曾经带领牙浩村的村民在战争年代为革命事业作出了一定的贡献。由于群众基础好，思想觉悟高，加之是革命堡垒村，琼崖纵队选择在牙浩村（当时为顺民村）建办番阳地区唯一的军械厂，办厂时间为1947年至1950年。为配合解放海南岛，军械厂的主要任务是修理枪支，制造炮弹、手榴弹、子弹

▲ 军械厂车间设备零部件遗物（李帅鸿 摄）

▲ 军械厂生产的子弹遗物（李帅鸿 摄）

▲ 琼崖纵队军械厂遗址——牙浩村（李帅鸿　摄）

等支援前线。

1950年，军械厂搬迁海口，搬迁前厂长王克波到牙浩村组织村民举行表彰大会，对牙浩村村民表达了感谢，肯定了牙浩村村民对军械厂的贡献。

◆ 琼崖纵队军工局遗址

琼崖纵队军工局遗址位于五指山市番阳镇孔首村委会孔扎村，在琼崖纵队军械厂的东北方向，两地距离约1000米。

1948年，琼崖纵队军械厂重办并生产各类武器装备后，出现两个亟须解决的问题：一是生产所需的原材料，特别是生产各类武器所需的铁、铜、火药等；二是对所生产各类武器装备的前期研究、性能试验和后期军火配置等缺乏指导。为顺利解决这些问题，8月，中共琼崖区党委成立军工局。同时建立兵工厂、兵器试验场，还建了食堂、戏场等。

琼崖纵队军工局位于五指山腹地，沿海地区为敌占区，要弄到生产军火所需的原材料困难重重。但军工局的同志们没有被困难吓倒，而是发动群众捐献废铁、废铜，并通过各种途径到敌占区购置所需原材料。

琼崖纵队军工局除负责军械厂原材料的供应和军火分配工作外，还对军械厂

▲ 琼崖纵队军工局遗址——孔扎村（李帅鸿　摄）

所生产的各种兵器的性能进行论证和试验，达到要求的才装配部队。同时军工局还制造手榴弹、迫击炮弹、地雷、子弹、刀具等兵器，以及维修各种兵器。1950年海南解放后，琼崖纵队军工局迁到海口。

琼崖纵队军工局遗址部分现被村民利用建篮球场，部分被村民利用盖民房。

◆ 琼崖纵队总医院遗址

琼崖纵队总医院遗址位于五指山市毛阳镇牙胡村委会坎通村西北方向约500米的尖岭山下。

1948年3月，琼崖纵队司令部迁至毛贵乡，琼崖纵队总医院（另称后方医院）也于同年迁到离司令部不远的尖岭山下。这里远离敌占区，山高林密，敌人不易发现，加上当地群众基础好，思想觉悟高，附近又有小河流过，对伤员的救治和养伤十分有利。1948年年初，琼崖临时民主政府（1949年7月13日改为琼崖临时人民政府）发动当地群众砍木材、砍竹子、割茅草，建起3间茅草房，其中两间为病房，一间为宿舍。医院有医护人员18名，女护士占多数，伤员少则40多人，多则60人左右，他们都是躺在病房的竹床上接受治疗。伤员多的时候床位不够，只好把伤势较轻者移到外面的简易棚下治疗。当地村民有伤

▲ 琼崖纵队总医院遗址（李帅鸿　摄）

痛或生病也可以到医院无偿接受治疗。由于当时医院缺乏药品，主要是用草药治疗，偶尔有西药，大多药品也是从敌军中缴获。琼崖纵队总医院在琼崖纵队发动的1948年秋季攻势和1949年春、夏两季攻势三大攻势战斗中抢救伤员，作出了巨大的贡献。

现有村民在琼崖纵队总医院遗址小块地上建晒谷场，以及种植槟榔等农作物，余地均已荒芜，仅存医院房基、药罐碎片和埋葬在周围的无名烈士墓。

◆ **琼崖纵队报社遗址**

琼崖纵队报社遗址位于五指山市毛阳镇牙胡村委会坎通村东侧30米处。

1948年3月，中共琼崖区党委、琼崖临时民主政府、琼崖纵队司令部迁驻毛贵乡。为做好宣传工作，中共琼崖区党委在坎通村创办琼崖纵队报社，这是琼崖纵队重要的文化宣传阵地。原报社建有两间茅草屋。1948年至1949年，曾出版《新民主报》《机关报》《建党杂志》《建军报》等报纸杂志，宣传革命思想和最新战况消息等，为琼崖纵队坚持23年红旗不倒，最终取得琼崖革命的胜利作出了重大的贡献。

琼崖纵队报社遗址现已被村民利用并开发种植经济作物，原貌已消失。

▲ 琼崖纵队报社遗址（李帅鸿 摄）

▲ 1948年5月，琼崖区党委宣传部编印的《党建》杂志创刊号

▲ 1948年9月，琼崖纵队政治部出版的《建军报》创刊号

◈ 琼崖纵队纺织厂遗址

琼崖纵队纺织厂（时称五指山纺织厂）位于五指山市毛阳镇毛贵村委会唐干村南边约100米处。

1948年3月，中共琼崖区党委、琼崖临时民主政府、琼崖纵队司令部迁驻毛贵乡，为解决战士穿衣问题，琼崖临时民主政府创办五指山纺织厂。此为黎族地区第一家纺织厂。纺织厂原建有3间茅草屋作为生产车间，为琼崖纵队生产土布、毛巾，厂内分为打棉、纺纱、织布、织毛巾4个小组，员工26人。1950年海南解放后迁至海口。

琼崖纵队纺织厂遗址现被村民利用并种植芒果树等农作物。

▲ 琼崖纵队纺织厂遗址（李帅鸿 摄）

◈ 琼崖纵队服装厂遗址

琼崖纵队服装厂遗址位于五指山市毛阳镇毛兴村委会，毛兴军民希望小学的北边。

1948年3月，中共琼崖区党委、琼崖临时民主政府、琼崖纵队司令部迁驻毛贵乡，为解决战士裁制衣服等问题，琼崖临时民主政府在毛贵创办了琼崖纵队服装厂。该服装厂原建有两间茅草屋，一间为车间，内有五台缝纫机；另一间为工

▲ 琼崖纵队服装厂遗址——毛兴军民希望小学（李帅鸿　摄）

作人员居住房。1950年海南解放后迁至海口。

琼崖纵队服装厂遗址长50米、宽30米，东接毛兴村民居，西临农田，南邻军民希望小学，北靠部队仓库，呈长方形，为平坡地。遗址现被村民利用并种植椰子等经济作物。

第五节　革命先辈人物事迹

冯白驹

冯白驹（1903—1973），原名冯裕球，学名冯继周，海南琼山县（今海口市琼山区）人。少年时代勤奋读书，追求进步。1916年，在云龙高等小学读书期间，就与进步同学组织同志互助社。1919年，就读琼山中学，积极参加"五四运动"，是该校学生运动的骨干。1925年，考入上海大夏大学预科，与在沪琼籍进步同学密切往来，勤读革命书刊，交流革命思想。1926年初离沪回琼，经同学李爱春介绍，出任海口市郊农民协会办事处主任，领导农民开展"护地"斗争。9月，加入中国共产党。

1927年，琼崖四二二事变，中共琼崖地委转入农村斗争，冯白驹奉命组建中共琼山县委，并任书记，领导建立和发展基层党组织，创建琼山县讨逆革命军。7月，任琼崖讨逆革命军第六路军党代表；9月，率部参加全琼武装总暴动。1929年年初，受中共琼崖特委派遣组建中共澄迈县委，任县委书记。同年2月和7月，中共琼崖特委机关两次遭敌人破坏，琼崖特委领导人被捕牺牲，危急时刻冯白驹挺身而出，前往母瑞山革命根据地向琼崖苏维埃政府主席王文明报告，建议召开各县代表联席会议，重建中共琼崖特委领导机关。8月，在王文明主持下，琼崖各县代表联席会议在定安县内洞山召开，选举成立中共琼崖临时特委（9月，中共广东省委批准正式成立中共琼崖特委）。11月下旬，琼崖党团特委联席会议召开，冯白驹任中共琼崖特委常委，受重病在身的中共琼崖特委书记王文明委托主持特委工作。

▲ 冯白驹

1930年1月，王文明病逝，冯白驹接任中共琼崖特委书记。2月，先后前往香港、上海，向中共广东省委和中共中央汇报工作，受到周恩来接见。周恩来鼓励冯白驹道："你们琼崖抓住红军，抓住农村革命根据地，抓住苏维埃政权，这三件事很好。今后要紧紧依靠群众，高举武装斗争的旗帜，坚持斗争，一定能够取得胜利。"这为琼崖党组织指明了斗争的方向。同年4月，冯白驹在母瑞山主持召开中共琼崖第四次代表大会，作出扩大农村根据地、发展党组织、扩建红军等项决议。琼崖特委领导开展"红五月"攻势，扩大革命根据地；8月，成立琼崖工农红军独立师。1932年，琼崖红军第二次反"围剿"斗争失败，革命转入低潮，冯白驹带领党政机关及警卫连共100多人，在母瑞山坚持8个多月艰苦卓绝的斗争，保存了琼崖革命的火种，支撑着琼崖革命的红旗。1933年4月，他带领幸存的24人突围返回琼文革命根据地。经过3年的艰苦斗争，中共琼崖基层组织得到恢复和发展，重建红军游击队。1936年5月，在中共琼崖特委第五次扩大会议上，冯白驹再次当选为特委书记，决定成立琼崖红军游击队司令部，努力开创革命斗争新局面。

1937年"七七事变"后，中共琼崖特委贯彻执行中共中央抗日民族统一战线政策，推动抗日救亡运动发展。冯白驹代表中共琼崖特委致函国民党琼崖当局，建议停止内战，团结抗日。10月，在指导与国民党琼崖当局谈判时，冯白驹与夫人曾惠予在琼山县塔市乡演村被国民党琼崖当局逮捕。经周恩来、叶剑英等向国民党最高当局交涉，琼崖各界人士舆论施压，12月，蒋介石被迫下令琼崖当局释放冯白驹。他出狱后任中共琼崖特委常委。1938年1月，他代表琼崖特委与国民党琼崖当局谈判，10月达成抗日合作协议，琼崖抗日民族统一战线形成。12月5日，琼崖红军游击队在琼山县云龙乡改编为"广东民众抗日自卫团第十四区独立队"，冯白驹任独立队队长。

1939年2月10日，日本军队从天尾港登陆占领海口后，中共琼崖特委命令抗日独立队第一中队在南渡江潭口渡口阻击日军，打响了中国共产党领导的琼崖抗日武装抗击日本侵略军的第一枪，振奋了民心士气。3月，抗日独立队扩编为抗日独立总队，冯白驹任总队长。1940年9月，根据中共中央指示，冯白驹复任中共琼崖特委书记，并任琼崖抗日独立总队队长兼政治委员。随后，领导创建美合抗日根据地，创办琼崖抗日公学，并兼任校长。1941年2月，兼任中共琼崖特委军委主席；11月，琼崖东北区抗日民主政府成立，冯白驹当选为主席。1942年至1943年，在日伪军对琼崖抗日根据地进行大规模残酷的"蚕食""扫荡"，以及在与中共中央中断电讯联系的情况下，他从琼崖实际出发，创造性地制定了"坚持内线，挺出外线"的作战方针，率领琼崖军民抗击日伪军"蚕食""扫荡"，扩大琼崖抗日根据地，把敌后抗日游击战争推向全岛。1943年8月，白沙起义爆发，冯白驹坚定地支持黎族、苗族人民为反抗国民党顽固派残酷暴政英勇斗争，抓住有利时机，着手领导创建五指山革命根据地。同年冬，琼崖特委成立东区、西区、南区三个地区军政委员会，领导各个抗日根据地军民彻底粉碎日伪军的"蚕食""扫荡"。1944年秋，琼崖抗日独立总队改编为琼崖抗日独立纵队，冯白驹任纵队司令员兼政治委员。1945年，挥师挺进白沙，创建白沙抗日根据地，迎来琼崖抗日战争的胜利。1946年1月，冯白驹在白沙县牙叉主持召开中共琼崖党政军科级以上干部会议，统一思想，作出开展自卫反击战的决定，粉碎国民党四十六军挑起内战、进攻解放区、消灭琼崖独立纵队主力的阴谋。2月、4月和8月、10月，琼崖特委先后收到中共中央关于琼崖独立纵队北撤山东的指示和中共广东区委关于琼崖独立纵队南撤越南的指示，冯白驹从琼崖斗争的实际出发，坚定琼崖特委解放战争必胜的信念和信心，致电中共中央，提出继续坚持琼崖斗争的建议，得到中共中央的同意。随后，琼崖特委率领独立纵队挺进五指山区建立革命根据地。1947年5月，冯白驹在五指山革命根据地主持召开中共琼崖第五次代表大会，根据中共中央指示将中共琼崖特委改为中共琼崖区委，并当选为区委书记。10月，琼崖独立纵队首次代表大会召开，中央军委决定将"广东省琼崖游击队独立纵队"命名为"中国人民解放军琼崖纵队"，冯白驹任纵队司令员兼政治委员。1948年9月至1949年7月，领导琼崖纵队相继发动秋、春、夏季三大军事攻势，取得歼敌4500余人的辉煌胜利。1949年9月、10月间，冯白驹先后被任命为中共中央华南分局委员、广东省人民政府委员、广东军区第三副政治委员。1949年底至1950年5月，冯白驹领导琼崖党政军民全力以赴，有力接应和配合中国人民解放军第四野战军渡海兵团登陆作战，解放海南岛。

▲ 冯白驹在琼崖纵队司令部召开的接应野战军渡海作战大会上做战斗动员

1950年5月，冯白驹任海南军政委员会副主任（副主席），6月任中共海南岛区委书记（后称第一书记），7月任中国人民解放军海南军区司令员兼政治委员，9月任海南第一届各界人民代表会议协商委员会主席。11月上旬，随同叶剑英进京汇报工作，受到毛泽东、刘少奇、周恩来、朱德等中央领导接见。1951年4月，担任广东省人民政府海南行政公署主任。1952年夏，在中共广东省党内开展的反"地方主义"斗争中受到错误批判，同年冬，调任中共华南分局委员兼统战部部长，10月任广东省人民政府副主席，负责抓"私营工商业改造"试点工作。1954年8月，他被免去中共海南岛区委第一书记的职务，9月当选为第一届全国人民代表大会代表。同年底，任中共广东省委书记处书记、常委、副省长。1955年9月，任国防委员会委员，并荣获中华人民共和国一级八一勋章、一级独立自由勋章和一级解放勋章。1956年9月，在中国共产党第八次代表大会上，当选为中共中央候补委员。1957年2月，在中共广东省委扩大会议上，因1952年的"地方主义"再次受到错误批判，12月，被撤销广东省委书记处书记、常委和海南军区政治委员的职务。1958年1月，被下放到广东省三水县劳动锻炼。1963年4月，调任中共浙江省委委员、浙江省副省长，分管文教、卫生、科技，主管计划生育和防治血吸虫病等工作。1966年8月，出席中共八届十一中全会。"文化大革命"中遭受审查和迫害，直到1971年9月才被解除审查。1973年7月19日，在北京逝世，享年70岁。

冯白驹长期担任中共琼崖党政军主要领导职务，领导创建了琼崖革命武装斗争"二十三年红旗不倒"的光辉业绩。在战争年代，曾多次在危急时刻力挽狂澜，使琼崖革命转危为安；在重大原则问题上，具有远见卓识和求实精神，机智果断地做出正确决策，得到毛泽东和周恩来的高度评价，被周恩来誉为"琼崖人民的一面旗帜"。1983年2月9日，中共中央为冯白驹平反昭雪，彻底恢复名誉。

王国兴

王国兴（1894—1975），黎族，海南白沙县红毛乡（今琼中黎族苗族自治县红毛镇）人。父亲王政和，是一位世袭黎族峒长、大总管。王国兴18岁时离开黎峒外出打工，当过槟榔园工、挑夫等。1935年9月，国民党抚黎局以"抗丁抗税"的罪名将王政和逮捕入狱，受尽折磨，出狱后不久离世，王国兴母亲也因悲伤过度病逝。国民党琼崖当局对黎族人民的残酷压迫，使王国兴对国民党怀有深深的仇恨。王政和去世后，国民党白沙县政府委任王国兴为红毛乡乡长。1939年2月，日本侵略军占领琼崖，琼崖国民党军政首脑机关陆续迁入白沙县。白沙县政府为供养一大批国民党军政官员，加紧鱼肉黎族、苗族群众，横征暴敛，掳掠奸淫，无恶不作。为反抗国民党顽固派的残酷暴政，王国兴作为黎族百姓心目

▲ 白沙起义的主要领导人王国兴（黎族首领）

中的头人挺身而出，决心带领黎族同胞拿起武器反抗。1943年8月17日，白沙县黎族、苗族人民在王国兴等率领下揭竿而起，男女老少投入战斗。起义军攻打感恩、昌江、乐东、崖县等国民党县政府，在战斗中毙伤国民党军300余人，国民党军政人员仓皇溃逃。一个月后，国民党顽固派集结兵力，分三路向白沙起义军发起疯狂反扑，血腥镇压黎族、苗族群众，起义遭受失败。王国兴等率领起义军撤到山高林密的鹦歌岭、什寒山坚持斗争。王国兴几次派出代表四处寻找共产党，于1943年冬找到临儋联县抗日民主政府和琼崖抗日独立总队。黎族代表见到中共琼崖特委书记兼独立总队总队长冯白驹时，恳求说："总队长啊，快救救我们黎人呀！"中共琼崖特委决定成立黎民工作委员会前往鹦歌岭，指导黎族人民的武装斗争。中共琼崖特委成立以黎族起义战士为核心的白（沙）保（亭）乐（东）人民解放团，任命王国兴为团长，带领黎族人民武装在五指山区，坚持与国民党顽固派进行斗争，配合琼崖抗日独立纵队开辟白沙抗日根据地。1945年8月8日，白沙县抗日民主政府成立，王国兴任副县长。抗日战争胜利后，国民党反动派发动内战，调派46军到海南岛，于1946年3月，分五路进攻白沙等解放区。王国兴领导黎族人民坚持战斗，建立起白沙县猛进队、英勇队、区常备队、乡常备班、村后备队等武装，配合琼崖独立纵队粉碎国民党军的"清剿"。1947年4月底，琼崖独立纵队一举攻克番阳、万冲等国民党军据点，至1948年6月，解放了白沙、保亭、乐东三县全境，建立拥有30余万人口的五指山革命根据地。

1949年夏，王国兴应中共中央邀请，到北平参加中国人民政治协商会议，并当选为全国政协委员及中央人民政府民族事务委员会委员。王国兴在人民政治协商会议上深情地说："（黎族人民）只有跟着共产党才能前途光明灿烂。"1950年5月海南岛解放后，王国兴回到海南。1952年，他当选为海南黎族苗族自治区政府主席。1955年，自治区改称自治州，王国兴任州长。1953年，王国兴当选为全国人民代表大会代表，5月20日光荣加入中国共产党。王国兴先后担任海南黎族苗族自治州州长、中共海南黎族苗族自治州委副书记、海南行政公署民族事务委员会主任、广东省海南行政公署副主任、海南黎族苗族自治州革命委员会副主任等。"文化大革命"期间，王国兴受到错误批判和关押。1975年1月7日在海口病逝，享年81岁。中国共产党十一届三中全会以后，中共海南黎族苗族自治州委为王国兴平反，恢复名誉。

对于王国兴历经千辛万苦找寻共产党的经历，毛泽东主席给予高度评价："中国少数民族自发起义，主动寻找共产党，建立革命根据地，王国兴是很有代表性的一人。"

王玉锦

王玉锦（1910—1970），黎族，红毛乡牙寨村（曾属白沙县，今属琼中县）人。从小跟随父母务农。

1943年7月12日，规模空前的白沙起义爆发了。半个多月里，武装斗争的浪潮不仅席卷了整个白沙，并且震撼着整个五指山区。起义前，王玉锦是国民党红毛乡第三保保长，他和红毛乡的乡长、保长一起，被国民党白沙、保亭、乐东三县联络所所长兼白沙县二区区长李有美以召开"紧急会议"为名，诱骗和扣押，与王国兴等同关在一间小屋里，外面还设两道岗哨。看押他们的国民党兵以为黎族群众没人听懂粤语，用粤语聊天说，抓起来的这些人马上杀掉。懂粤语的王玉锦听后心中大惊，他借口要上厕所，机智地逃回牙寒村，并与弟弟王玉林消灭追来的国民党兵。他随后赶到约定的起义集合地毛西村，连夜挑选20多名强壮的黎族青年组成敢死队，乘夜色潜入白沙二区区公所，救出了王国兴等人。

▲ 王玉锦

起义受挫后，王玉锦带领的起义队伍被敌人围困在尖岭上。山上缺粮，一些战士饿死，一些饿瘫在地上，情况十分危急。为了解救战友们，他冒着生命危险，带人下山去寻找食物。这时，有人主张去请日本侵略军来打国民党，但他坚决反对，主张请共产党。他与王国兴等人商量，派出吉有理、王高定、王文聪等人寻找共产党，终于在澄迈县找到了琼崖特委，挽救了起义队伍。

1944年，白保乐人民解放团成立，王玉锦先被任命为参谋，后升任该团的主

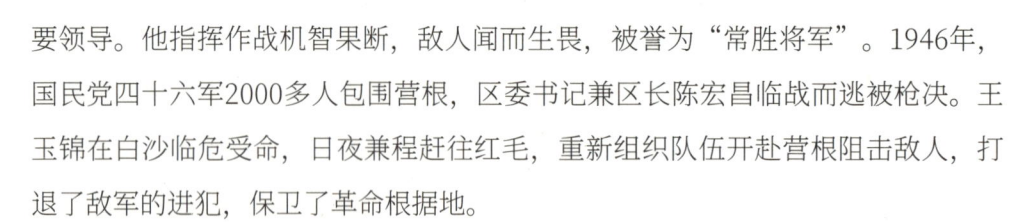

要领导。他指挥作战机智果断，敌人闻而生畏，被誉为"常胜将军"。1946年，国民党四十六军2000多人包围营根，区委书记兼区长陈宏昌临战而逃被枪决。王玉锦在白沙临危受命，日夜兼程赶往红毛，重新组织队伍开赴营根阻击敌人，打退了敌军的进犯，保卫了革命根据地。

1953年12月，王玉锦光荣地参加了中国共产党。历任白沙县长、县委副书记、自治州副州长、中央民族委员会委员、省民族事务委员会委员、省四届人大代表、省三届政协委员等职务。虽身兼数职，工作繁忙，但他作风正派，生活朴素，善于团结各族干部一起工作，为党和人民作出了应有的贡献。

陈理文

陈理文（1928—1986），黎族，海南保亭县人。陈理文的二叔父和三叔父都是中共地下工作者，他从小就受到两位长辈革命思想的熏陶，立志为国为民而奋斗。1941年，陈理文参加琼崖抗日独立总队，1946年加入中国共产党。陈理文是有名的突击英雄，战斗勇猛，当时的部队武器落后，缺乏重型攻坚装备，敌人的碉堡成为巨大的威胁，每次攻坚战斗，陈理文都报名参加突击队，带领突击队勇猛冲杀，攻陷敌人的堡垒、据点，为战斗的胜利发挥了重要作用。1948年，在琼崖纵队发起的秋季攻势中，作为班长的陈理文参加攻克石壁、岭门的战斗，带领突击班占领外

▲ 陈理文

围工事，接连攻克国民党军24个碉堡，为主力部队打开通道。1949年3月在春季攻势的南辰战斗中，刚被提升为排长的陈理文带领突击队英勇机智闯入敌阵，接连突破5道复杂障碍物，攻下3座碉堡，为夺取战斗胜利立下显赫战功。此战后，琼崖纵队授予陈理文"突击英雄"称号。琼崖解放战争中，陈理文在作战中4次负伤，立过4次大功。1950年5月，海南岛解放，在琼崖纵队召开的庆功大会上，陈

理文被授予"特等功臣"光荣称号，并出席在北京召开的全国战斗英雄代表大会，被授予"全国战斗英雄"称号，受到毛泽东、周恩来、朱德等党和国家领导人的亲切接见，是海南唯一荣获此称号的解放军战士。

海南解放后，陈理文历任海南军区某部副连长、教导大队副中队长，保亭县人民政府县长，中共保亭县委副书记，海南黎族苗族自治州第一届人民政府委员，

▲ "全国战斗英雄"陈理文雕像

广东省民族事务委员会委员，中共海南黎族苗族自治州委员会委员，中共崖县县委副书记，海南黎族苗族自治州人民检察院检察长、自治州中级人民法院院长、自治州政法委员会主任，中共海南黎族苗族自治州委常委等职。在各级领导岗位上，陈理文兢兢业业，勤勤恳恳，任劳任怨，把毕生精力贡献给海南各族人民的革命和建设事业。1986年4月15日，陈理文在通什病逝，享年58岁。

李振亚

李振亚（1908—1948），原名李荣，又名李伯崇、李崇，广西藤县人。少年时代因家境贫穷而失学，到处替人打杂工，长大后到国民革命军李明瑞部参军当兵，后在广西警备第四大队任副官，接着转到广西教导总队。1929年12月，李振亚参加邓小平、张云逸领导的百色起义，被委任为红七军军部副官，百色起义后加入中国共产党。1930年至1931年随红七军转战于桂、黔、湘、粤、赣边境，参加了中央苏区第三次反"围剿"。1932年年初，李振亚被派到红军学校学习，

毕业后留校工作。1933年9月，李振亚调任公略步兵学校第一营营长，率部先后参加了中央革命根据地第三、第四、第五次反"围剿"作战，被评为模范指挥员。1934年参加长征，任中央军委干部团第一营营长。他带领一营担任前卫，侦察敌情，扫除障碍，为大部队开辟通道，并在突破湘江、乌江，四渡赤水，攻占娄山关，抢渡金沙江，强渡大渡河等著名战斗中，屡立战功。1935年7月，李振亚任红四方面军33军参谋长。1936年11月，他奉命调入西路军，参加西征作战。1937年3月，西路军遭受挫折，李振亚在毕

▲ 李振亚

占云支队任参谋长时不幸被捕。抗日战争全面爆发后国共第二次合作，李振亚经中共中央营救获释返回延安，进入中国人民抗日军政大学第三期学习，并留校任第三大队第五中队队长兼教官。同年，李振亚奉调到十八集团军总部担任参谋。11月，中共中央决定派出一批干部南下工作，以加强华南地区抗日斗争的骨干力量，李振亚于12月初离开延安随队南下，月底抵达湖南衡阳。李振亚奉命暂留在衡阳，协助叶剑英举办南岳游击干部训练班。1939年5月，李振亚奉命前往广东工作，被任命为东江军事委员会参谋长。1940年7月，中共中央决定派李振亚前往琼崖，参与领导海南岛的抗日斗争。8月，李振亚和从事电台工作的妻子王春红一起抵达琼崖抗日独立总队驻地美合，受到琼崖抗日独立总队总队长冯白驹等热烈欢迎。李振亚被任命为琼崖抗日独立总队参谋长。

1941年5月，中共琼崖特委决定在万宁六连岭抗日根据地创办琼崖抗日军政干部学校，任命李振亚兼任校长和政治委员。李振亚把延安"抗大"的一整套教学方针和教学方法具体运用到军政干校，并亲自主讲军事课和主持军事训练。当时战事频繁，日军和国民党顽军经常到六连岭抗日根据地袭扰，一有战斗，李振亚就带领军政干校军事队的学员到邻近部队参加实战锻炼，回来后及时进行总结，使学员们的战术指挥水平和军事技能提高得很快。李振亚率领军政干校的学员配合主力部队反击日、伪、顽军对六连岭抗日根据地的进攻，在学校教室、校

舍被烧毁后，坚持在六连岭山区的各个村庄里流动办学。在恶劣的战争环境下，这所"抗大"式的军政干校，为琼崖抗日部队和地方党政机关培养和输送了一大批干部，支撑着琼崖抗日斗争向前发展。李振亚致力于琼崖抗日独立总队参谋工作的建设，琼崖抗日部队日渐走上正规化道路，政治素质、军事素质以及战略战术水平等不断得到提高，对巩固和扩大抗日根据地，带领广大群众粉碎日伪军对抗日根据地的"蚕食""扫荡"发挥了重要作用。

1945年初，为集中力量开辟五指山中心根据地，中共琼崖特委决定从琼崖抗日独立纵队第一、第二、第四支队中各抽出一个主力大队，组建成立琼崖抗日独立纵队挺进支队，向五指山区进军。李振亚兼任挺进支队支队长，符荣鼎任政治委员。李振亚率领挺进支队向白沙县腹地进军，转战合口、白水港、罗任等地，连战连捷，为独立纵队主力挺进五指山区打下坚实的基础。1947年2月，李振亚担任琼崖独立纵队副司令员，他指挥独立纵队前进支队横扫白沙县境内国民党军，相继攻下加钗、营根、番阳、水满等敌军据点，扩大白沙解放区，推动五指山中心根据地的建立和发展。5月，在白沙县红毛乡召开的中共琼崖第五次代表大会上，李振亚当选为中共琼崖区委员会委员。10月，琼崖独立纵队召开第一次

▲ 中国人民解放军琼崖纵队副司令李振亚革命烈士衣冠冢（黄敏　摄）

代表大会，李振亚作《十年来我军战术发展与经验总结》报告，根据中央军委电令，琼崖独立纵队正式命名为中国人民解放军琼崖纵队，李振亚任琼崖纵队副司令员兼第一总队总队长和政治委员。

1948年春，李振亚兼任中共琼崖西区地委书记。9月，中共琼崖区委和琼崖纵队司令部决定集中力量对国民党军发动秋季攻势，李振亚担任秋攻前线指挥部总指挥兼政治委员。李振亚指挥秋攻部队连续拔除陵水至万宁一带的港坡、兴隆、米瑞塘、中兴等国民党军据点，把陵水、万宁解放区与五指山解放区连成一片。在9月27日拔除国民党军万宁县牛漏据点的战斗中，李振亚到阵地前沿观察形势，不幸被敌人从碉堡里打来的冷枪击中。翌日，他的伤势不断恶化，临终前，他反复嘱咐守护在身边的战友们说："要把攻势继续下去……要搞好情报……搞好战斗部署……"李振亚牺牲时仅40岁。

刘秋菊

刘秋菊（1899—1949），女，海南琼山县（今海口市）人。出身农民家庭。刘秋菊刚满周岁时母亲因病去世，4岁时父亲也离世，她自幼随姐姐给地主放牛、打零工。刘秋菊16岁时，嫁给贫苦盐民郑正义，婚后丈夫出洋谋生，两年后去世于异乡。苦难的生活磨炼出刘秋菊坚毅、吃苦耐劳的品格。

1926年，革命风暴席卷琼崖，刘秋菊积极参加农民协会，参加农民识字班学习文化和政治知识，后被选为演丰乡农民协会妇女代表，她带头剪头发，反对买卖婚姻，带领妇女群众参加斗土

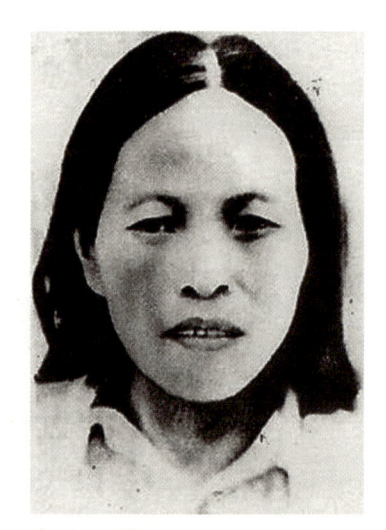

▲ 刘秋菊

豪。1927年琼崖革命处于低潮的时候，刘秋菊毅然报名参加农民赤卫队，与男队员一样站岗放哨，参加战斗，她送情报、当向导，孤身化装侦察敌情，巧妙地周旋于敌人的包围之中。同年底，刘秋菊加入中国共产党。她密切联系群众，每到

一地都与群众打成一片，群众把她当亲人看待，甚至冒着生命危险来保护她。群众亲切地称呼刘秋菊为"姨母"。1928年5月，由于叛徒出卖，刘秋菊被捕。在囚牢中，她被敌人用竹签扎进10个指头，被灌辣椒水，受尽各种酷刑，但从未屈服。1930年夏，刘秋菊在党组织多方设法营救下成功出狱。8月，刘秋菊当选琼崖苏维埃政府委员，先后任中共琼山县文南区委书记、中共琼山县委委员、中共琼崖西南临时委员会委员等职。

日军侵琼前，中共琼崖特委派刘秋菊到琼西南开展党组织的恢复和发动群众工作。在崖县，刘秋菊与丈夫林茂松在莺歌海一带，以收买旧金银首饰、器皿作掩护，领导崖县党组织的恢复工作。1938年秋，中共崖县县委恢复。1939年2月10日，日军侵占琼崖。根据琼崖国共两党抗日民族统一战线方针，成立琼崖战时党政处，中共琼崖特委派出王业熹、刘秋菊、王均、韩庆华参加党政处工作。在刘秋菊等人的积极建议和推动下，琼崖战时党政处颁布《保卫琼崖动员委员会组织条例》，动员和组织群众，坚持长期抗战。1940年10月，中共琼崖特委设立妇女部，指定刘秋菊负责妇女部工作，不久后成立琼崖特委妇女委员会，刘秋菊任妇委会书记。在刘秋菊的领导下，琼崖特委妇委会积极开展工作，为各地党政

▲ 琼崖民主妇女联合会筹委会主任刘秋菊革命烈士衣冠冢（黄敏 摄）

第一章 琼崖革命初心悟园

组织培训和输送大批妇女干部；发动女青年参军上前线，担任医护人员、后勤人员、交通员，为琼崖抗日战争贡献妇女的力量。

1947年，刘秋菊担任琼崖临时人民政府委员，1949年3月，任琼崖民主妇女联合会筹备委员会主任。她跟随琼崖党政军机关进军五指山地区，参与创建五指山革命根据地。由于长期艰苦的革命斗争生活，刘秋菊积劳成疾，1949年8月，她在白沙县毛栈乡逝世，年仅50岁。

第六节　琼崖公学纪念亭

琼崖公学纪念亭遗址位于五指山市番阳镇番阳中心学校旁，距五指山市区约40千米，距五指山革命根据地纪念园约13千米。

琼崖公学在战争烽火中创办，从1940年初至1950年5月海南解放，曾三办三停，地址也几经变迁：第一次为1940年年初，琼崖特委在澄迈县美合抗日根据地创办琼崖抗日公学，由冯白驹兼任校长、史丹任副校长，课程为政治课和军事课等，共培训二期学员400余人。同年12月，国民党反动派李春农等部3000余兵力偷袭美合抗日根据地琼崖特委、独立总队部领导机关，制造震惊琼岛的"美合事变"，琼崖抗日公学被迫停办；第二次为1945年4月，琼崖纵队司令部和政治部先后在白沙县阜龙乡召开支队参谋长联席会议和政治委员联席会议，决定恢复琼崖抗日公学，由史丹任校长、符振中任副校长，培训一期学员600余人。同年12月，在国民党反动派全面挑起琼崖内战的严峻形势下，琼崖抗日公学再度被迫停办；第三次为1948年12月，琼崖区党委根据革命形势的需要，决定复办琼崖抗日

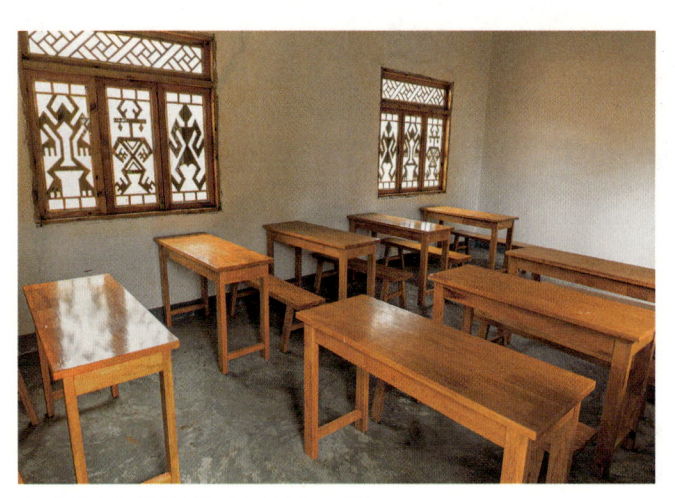

▲ 琼崖公学教室（李帅鸿　摄）

▲ 琼崖公学纪念亭大门（李帅鸿 摄）

发扬琼崖公精神
为四化贡献力量

史丹 一九八五、八、

◀ 史丹题词

发扬革命传统
建设美丽宝岛

庄田
一九八五年八月廿一日

▶ 庄田题词

公学,并更名为琼崖公学,选址在乐东县番阳乡(今五指山市番阳镇),由吴乾鹏任校长(因病后调离),史丹接任校长、符气临任政治处主任。培训学员二期500余人。1950年5月,海南解放,琼崖公学停办。10年间,琼崖公学培养了一大批革命骨干和军事人才,为抗日战争和解放战争作出了不可磨灭的贡献。

琼崖公学纪念亭建筑为水泥、钢筋、砖石、琉璃瓦结构,设有大门、六角亭、四角亭、石碑、栏杆、台阶和通道,总面积为750平方米。大门是4柱3间,柱顶架着雄伟的牌坊,牌坊文曰:"琼崖公学旧址"。柱上有一副对联:"熔炉三炼锤坚骨,宝岛一亭聚忠魂"。踏上台阶进入六角亭,亭厅宽阔,面积18平方米,高3.7米,里面设有石桌、石凳,周围花草茂盛,气候凉爽。往后下台阶过通道,是3座四角亭横排并列,间隔匀称,每亭面积6平方米,高3米,设计细致雅观。往后过通道进后四角亭,亭里竖有一面石碑。石碑正面记载琼崖公学历史,背面刻有琼崖公学校歌。亭和牌坊上均覆盖黄色琉璃瓦,檐牙高翘,气势傲然,令人钦佩。走廊和亭外已围上玲珑的墙栏,亭后有1块磨制石器的砺石,均为新石器时期的遗物,也是琼崖公学学员用来磨刀、矛、箭的遗物。

▲ 琼崖公学纪念亭纪念碑正面、背面(李帅鸿 摄)

第七节 革命传统教育基地：唐干村

　　毛贵村委会唐干村小组位于五指山市毛阳镇西南约3千米处琼崖纵队司令部旧址所在地，是"23年红旗不倒"的革命老区，五指山市革命根据地纪念园坐落于该村北面。唐干村是远近闻名军警民双拥共建的美丽乡村。2013年，五指山市政府授予该村"美丽乡村"称号，2011—2013年，该村被评为"海南省文明村镇"称号，2014年，入围海南省全媒体大型互动寻访展示活动"寻找最美村镇"评选，2015年，荣获"全国文明村镇"称号。

▲ 五指山市毛阳镇唐干村（黄敏　摄）

第二章 黎苗文化 精神家园

寻旅五指山

一方山水有一方风情，在生机勃勃的雨林中，世居着黎族、苗族。热带雨林的生活衍生了独具特色的海南热带雨林民族文化，例如船形屋、黎锦、黎族乐器、苗绣等等。在这里有许多民族特色传统文化被列入各级非物质文化遗产名录，它们见证人与热带雨林相伴相生的历程，是海南热带雨林里最具代表性的文化印记。船形屋营造技艺、黎族民歌、"三月三"节庆等被列为国家级非物质文化遗产保护名录，黎族传统纺染织绣技艺被列入联合国教科文组织《急需保护的非物质文化遗产名录》。

第一节　黎族风情

▲ 黎族纺织（黄敏　摄）

黎族在海南岛生活了至少3000年以上，为获取生存的生活资料来源，黎族先民不断在岛上来回迁徙，分布全岛，并在这片热土上创造了独具特色的民族传统文化。自西汉海南岛纳入封建中央王朝统治后，特别是元、明朝以后，由于社会矛盾、阶级矛盾、民族矛盾的关系，黎族逐渐缩小到居于海南岛的中南部地区，成为今天人们所看到的海南岛各民族分布的社会景观。

黎族有自己独特的民俗民风。黎族人善于酿山兰甜酒，喜饮酒。男子擅长狩猎、捕鱼和编织藤竹器具。妇女织筒裙、绣织锦，图案精巧艳丽。黎族服饰有极其丰富的文化内涵，在历史上曾经成为区分不同血缘集团和部落群体的重要标志。妇女穿筒裙，男子缠头巾。黎族人日常生活一日三餐，以米饭为主食，其次是玉米、番薯和木薯等。黎族先民一般住在山麓或盆地临水处，住宅是简易的

▲ 黎族歌舞表演（李天平　摄）

船形屋或金字形茅草房，是典型的南方干栏式建筑。

第二节　黎族五大方言

黎族自称 sài（音如"赛"），有自己的语言，研究黎族语言的学者从语言特点出发，把黎语分为五个方言，分别是哈方言、杞方言、润方言、美孚方言、赛方言。五指山市隶属于黎族杞方言分布范围。所以在这里指五指山黎族文化，更多指的是黎族杞方言文化。

第三节　藏在簸箕里的黎家美味：长桌宴

长桌宴是黎家人在婚宴或是招待贵宾时最隆重的款待方式，被誉为"黎王家宴"，也称为簸箕宴。相传古时候，黎家人所用器皿多为土制陶器，体积大且笨重，不易搬动摆放食物。村中的奥雅（黎族村落对公认威望最高人士的称呼）灵

▲ 黎族长桌宴（李树林　摄）

机一动，把堆积在船形屋里的簸箕拿出来，将食物盛放在簸箕上，一人一份，在丰富食物搭配的同时又方便客人享用。

千百年来，长桌宴渐渐成为黎族、苗族地区最常见的宴席。每逢长桌宴起，十里八乡的乡亲闻讯纷纷赶来，无需设宴者邀请，大家自带美酒、自带菜肴，与主人共庆喜事或者分担忧伤。因此，长桌宴上出现十几种酒类、数十种菜肴并非奇事。"长桌宴重要的不是酒席，而是其中真挚的感情。"长桌宴传承的是一种"休戚与共，悲喜相同"的精神，而圆形盛满丰盛食物的簸箕，同样含有"圆满、团圆"的意思。食材各具风味、色彩丰富，却又巧妙地融合，这不仅是视觉与味觉上的饕餮盛宴，更是一场文化盛宴。

第四节　黎族民居：船形屋

黎族居住的环境，其村寨地理位置大都有一定的规律性。黎寨选择山谷中的小平原、河谷台地或平溪坡地作为村落的选址。选地的原则是：寨落不论其大小，多选在半山坡地之上，依山而建，以山腰、山梁处为多，常背靠大山，正面求其开阔；地势险要，四周兼有耕地；水源方便，同时可避山洪，山脚、河谷地带较少。同时，地方"干净"，即野兽少，不太靠近交通主干线。多被高大的阔叶林和灌木林围绕。这些考虑一方面是将安全防卫与耕植狩猎相结合，另一方面也是在恶劣环境中尽可能选择良好的生态环境。聚居村落可以称为不规则弹性组群，上山布局自由灵活，无一定有组织的规划，无明显中心与边界，形态依据村寨规模和地形条件，可有组团式、成片式、成条式、成串式、附生式、群集式等多种。无论何种组合形式，完全顺应自然地形地物，绝少开山劈地、破坏原地貌特征。一般都坐落在小溪围绕，高山环抱的地方。村中种植有凤尾竹、椰子、槟榔树、香蕉、木瓜等植物，山青水秀，景色幽美。房屋自由散置，与地景连成一片，有的依山顺势，层叠而上；有的绕弯淄脊，错落有致；有的背山占崖，居高临下；有的沿沟环谷，生动活泼，可谓别具一格，宛如天开。

黎族民居作为真实的建筑，集中体现在功能性、有机性、情感性上，极富个性特质。合亩制地区的村落完全是从适应自然环境和生活、生产发展需要出发的。正如黎族谚语所说的"我们好比山鸡种（黎山上的野鸡），觅食一山过一山"。寨落空间环境高低大小变化自如，有机灵活，围合形态不拘一格，具有一种不确定性和模糊性。黎族民居为现实生活而存在，没有任何多余的设置或矫揉造作，其功能的适用性，结构的合理性，材料的经济性和对环境的谐调性，聚合成民族性和地方性的真正表达。黎族的建筑充满活力、孕育情感。建筑品格是真诚、热情、善良、质朴的黎族人民现实主义人生态度和价值观的真实表露。

◆ **船形屋**

船形屋，杞方言住宅，以五指山中心合亩制地区及其周边一带保留民族特点较多，一般习惯称为"船形屋"。这种船形屋可以称作落地船形屋。其屋盖与檐墙合二为一，屋檐一直贴近地面，外部形象无架空层。但地面由数块高约20厘米的石头支垫，石头上面放置大竹竿或横木，上面铺一层竹片地板；排在竹竿或横木上面的竹子是与房屋的纵深方向平行的，排得薄密而有弹性。居住的房屋仍架空地面30厘米左右。两侧墙是由垂直排起来的竹竿或木棍或竹笪密集地围起，两侧墙都开有门，直接对着，通风性很好。门不是开在中间而是偏向屋顶主梁的柱子一边。屋顶是由一排同样粗细的柱子顶着，两侧各由一排柱子一半高的柱子顶着，各中柱是由一根栋梁和同它平行的支柱连接着。侧柱是通过沿房屋纵深架起来的梁连接着。在这种原始的房顶结构上面扎着竹竿或木棍。以这种直交的格子结构的顶板构成上述的圆顶天花板。天花板上面铺着很厚一层白茅草排，用两根相当于房顶总长的木棒与栋梁平行扎在房顶的天花板上压着茅草排。房屋保留干栏式建筑的痕迹，形状像船篷，无论从结构到造型都很有特色。

黎族传统的船形屋一般只开前后门，不开窗户。房子的上方通常还会有吊绳或疏木棍、竹子搭成的吊棚盛放各种粮食、种子、衣物。一般从山墙入口，作纵深方向布置，通常由前廊、居室和后部的杂物间三部分组成。有时把前廊及后部杂物间建成近似半圆形，用整根竹子或树枝编墙，顶盖做成半边穹隆形，扩展了前廊及杂物间的使用面积。前廊多放置谷磨、杵臼等生活用具。居室是一个大房间，日常的煮饭、寝息、待客等都在里面进行。多用竹条墙简单分隔成居室，夫妻分别有睡房。贵重物品放在女主人卧房内收藏。后部杂物间作为养鸡和堆放农

▲ 黎族船形屋（李树林　摄）

具、柴草、杂物等。

　　船形屋室内的家具很简单，一切用具都采用天然原料制作。在船形屋里，煮饭用的灶为"三脚灶"，即用三块石垒起的灶，上方通常都有烘物架，平时放粮食、食物、种子及衣物。灶旁放置简单的炊具、食具等。灶放在与架空地板等高的小土台上。"三脚灶"上设搁物架，主要用于烘烤谷物、食物等。搁物架周围悬挂竹制品、椰壳制品、木制品的厨具等。屋内有高约40厘米～45厘米的竹制床，还有用藤编、动物皮蒙制的小凳子等家具。

第五节　黎族传统酿酒技艺

在中华民族几千年的历史中，酒扮演着重要的角色，无酒不成席，没酒不成宴。黎族的生活同样离不开酒，节日活动、婚丧嫁娶、迁入新居……以酒为礼，敬酒对歌。千百年来生活在海岛上的黎族祖先，用自己独特的酿造技艺，表达着对美好生活的享受与追求。经过历史长河的积淀，黎族形成了独树一帜的酒文化。2021年，黎族传统酿酒技艺入选五指山市市级非物质文化遗产名录。

▲ 山兰酒（李树林　摄）

黎族酿酒的原料主要为山兰稻。山兰稻是旱生山兰糯稻谷，采用无化肥无农药的纯生态种植，山兰米营养丰富，煮成米饭，清香扑鼻，是黎族、苗族迎宾待客的上品。通过自然发酵，能酿造出口味丰富的山兰酒。

山兰酒醇香细腻，被誉为黎族人的茅台，黎族人称为"biàng"。山兰酒的酿造，不仅原材料独特，而且酿造工艺十分考究。在五指山流传着"美不过黎族三月三，甜不过黎家山兰酒"。

山兰酒的酿造步骤分为：将晾晒好的山兰稻谷脱壳、清洗，浸泡3个小时后进行蒸煮，蒸煮2～3个小时，煮好后将山兰米摊开晾凉，完全晾凉后，在表面撒上酒曲，然后再把山兰米翻拌，再撒一次酒曲，放置阴凉处发酵两天再进行装坛，装坛时要用芭蕉叶在坛口进行密封，存放30天即可饮用。

第六节　黎族骨伤疗法

五指山市素有"天然药库"之称，南药资源丰富。域内野生植物种类有4000多种，可入药的有1000多种，被药典收载的常用药有500多种、南药有50多种。其中，珍贵南药有沉香、胆木、降香、见血封喉、五指山参等，传统南药有槟椰、益智、砂仁、裸花紫珠、牛大力、草扣、巴戟等，动物药材有鹿茸、鹿角胶、猴膏、熊胆、蜈蚣等。

黎族骨伤疗法指的是海南黎族人民利用天然草药进行骨伤诊疗的传统疗法。黎族骨伤疗法主要流传于五指山黎族聚居地。2009年，黎族骨伤疗法入选第三批海南省级非物质文化遗产名录。在2022年7月召开的海南省贯彻落实《中华人民共和国中医药法》五周年新闻发布会上，再次明确将黎族医药纳入非物质文化遗产保护，其中，黎族骨伤疗法和黎族蛇伤疗法已入选海南省非物质文化遗产代表性项目。

▲ 黎药（李帅鸿 摄）

黎族骨伤疗法历史悠久，黎族人民长期生活在山区，过去由于缺医少药，遇上跌打骨折，人们大都就地取材，采用野生药材进行治疗。黎族人民对野生植物的药用性能较为了解，有丰富的知识和经验，而黎族骨伤疗法也是黎族人民在长期的生活和劳动实践中发现、总结出来的民间医术。

黎族几乎全民皆医，每一个人或多或少都懂得一些草药知识，但遇到自己不能解决的疾病时，就求助于黎医，黎医在黎族的医药历史进程中肩负着整个部族的繁衍与发展的责任，因此，黎医在部族中享有很高的地位和威望，备受黎族人的尊重与爱戴。

黎医通过望、闻、问、切为患者诊断。黎医的医治药材多为自采自用，自己加工配制草药，传统接骨的医治药材有志挺、志挖、番发、安南、杆麦、叔然、志雅万、崩赞扎、雅跛、杆尊、麦扡、寒志浆等。黎族骨伤疗法为黎族人民世代繁衍生息提供了健康保障。

黎族骨伤疗法远近闻名，求医者络绎不绝。黎族骨伤疗法是黎族民间传统医术的缩影，它不仅丰富了我国传统医学的宝库，对提高现代接骨医术具有学术研究价值，是中国民间医术的瑰宝。

第七节 黎族织锦，纺织史上的"活化石"

黎锦是海南岛黎族民间织锦，产于海南岛的黎族居住区。考古证实，黎族人在3000年前已定居海南，其制作服饰使用的纺、染、织、绣方法，是中国乃至世界上最古老的棉纺织染绣技艺之一，被称为纺织业的"活化石"。

黎族纺织历史悠久，早在战国时期的《尚书·禹贡》就有记载："岛夷卉服，厥篚织贝。"指的是远古黎族先民纺织情况。汉代时海南岛即有"广幅布"，唐代有"吉贝布""盘斑布""食单"（桌布），到宋代有"青花布"等。宋代以后，黎锦就孕育出"黎单""黎幕""黎幔"等工艺精巧的棉织品。明清时期黎锦更发展到巅峰，出现了集纺染织绣于一身的"龙被"（大被、崖州被）。

黎锦的品种有妇女筒裙、上衣、裤料、被单、头巾、腰带、挂包、披肩、鞋帽等。

黎族织锦的图案丰富多彩，体现黎族妇女的审美意识、生活风貌、文化习

▲ 2022博鳌亚洲论坛五指山黎锦展示（李天平 摄）

俗、宗教信仰及艺术积累的文化现象。其内容主要是反映黎族社会生产、生活、爱情婚姻、宗教活动以及传说中吉祥或美好形象物等。

2006年"黎族传统纺染织绣技艺"列入第一批国家级非物质文化遗产名录，2008年"黎族服饰"被国务院列为第二批国家级非物质文化遗产名录，2009年"黎族传统纺染织绣技艺"被列入联合国教科文组织首批急需保护的非物质文化遗产名录。

▲ 黎族织锦四大工艺之"纺"
（黄敏　摄）

▲ 黎族织锦四大工艺之"染"
（黄敏　摄）

黎族传统纺染织绣技艺

黎锦分为四大工艺。

纺：黎族聚居区有极为丰富的木棉、野麻等纺织原材料。在棉纺织品普及之前，野麻纺织品在黎族地区盛行。人们一般在雨季将采集的野麻外皮剥下，经过浸泡、漂洗等工艺，渍为麻匹。麻匹经染色后，用手搓成麻纱，或用纺轮捻线，然后织成布。野麻布质地坚实，多用于制作劳动时穿着的外衣和下裳。主要工具有手捻纺轮和脚踏纺车。

染：染色是黎族民间一项重要的印染工艺。美孚方言区还有一种扎染的染色技术，古称绞缬染。先扎后染线再织布，将扎、染、织的工艺巧妙地结合起，在我国是独一无二的。染料主要采用山区野生或种植物作原材料。这些染料色彩鲜艳，不易褪色，且来源极广。

织：黎族妇女通过踞腰织机织出精

▲ 黎族织锦四大工艺之"织"（黄敏　摄）

美华丽的复杂图案，其提花工艺令现代大型提花设备望尘莫及。不同图案、色彩和风格的黎锦曾是区分具有不同血缘关系的部落群体的重要标志，具有极其重要的人文价值。黎族的传统纺织工具主要有踞腰织机和踏板织机。其中，踞腰织机在黎族地区分布很广，主要工具有：前后两根横木，相当于现代织机上的卷布轴和经轴。它们之间没有固定距离的支架，而是以人来代替支架，用腰带缚在织造者的腰上；另有一把刀、一个杼子、一根较粗的分经棍与一根较细的综杆。织造时，织工席地而坐，面向经线，伸直双腿，依靠两脚的位置及腰脊来控制经丝的张力。

绣：黎族刺绣分为单面绣和双面绣。我国著名的民族学家梁钊韬先生等编著的《中国民族学概论》这样描述双面绣："黎族中的本地黎（即润方言黎族）妇女则长于双面绣，而以构图、造型精巧为特点，她们刺出的双面绣，工艺奇美，不逊于苏州地区的汉族双面绣。"

▲ 黎族织锦四大工艺之"绣"（黄杨伟　提供）

第二章　黎苗文化精神家园

黎族服装服饰花纹的来源

在长期的织锦和艺术造型创作中，黎族妇女养成对自然物美化取舍的审美意识。把人物、动物、植物、生产生活用具以及日月星辰等自然物加以变化，构织在黎锦图案上，这是完成自然物至图案艺术形象的创作过程，从而使图案艺术升华，具有较高的艺术水准和审美理念。黎锦纹样的艺术表现形式主要是简化和抽象，即将动植物或人的基本形象特征凝练概括、抽象出来，只选取其中最为基本的特征加以表现，而将那些过于细致、繁琐的细节省略掉。抽象的最大特点是具有高度的概括性和凝练性，筒裙纹样图案往往只用寥寥几笔，就能够将所表现的对象准确地呈现出来，非常简洁明了，没有任何多余的线条，体现出黎族人民对生活的敏锐感知和高度概括。

山林中的水鹿、飞鸟，花丛间的彩蝶、蜜蜂，地上的蚂蚁、蛇虫，田边的木棉花、泥嫩花、龙骨花，河中溪边的鱼虾，池畔的青蛙，田间的鹭鸶，这些动植物全都是黎族织锦图案临摹的素材。在日常生产生活中经常耳闻目睹的东西，

▲ 织锦图案（李树林 摄）

如日月、星辰、雷电、山川、流水、云雨、锅碗、竹子、白藤、藤箱，水牛、鸡狗等也成为黎锦花纹图案的"常客"。黎族妇女利用植物染料将棉纱染成各种色线后，即可通过夸张的手法与变形的描摹，以平视体式和平衡体式把人物、动植物、自然现象等经抽象化、概括性地变成几何形图纹，然后织绣在黎锦上。这种几何形图纹有单独纹、二方连续纹、四方连续纹，甚至可以无限伸展的连续几何形图纹。

据研究，黎锦上的图案纹样有160多种，但可归纳为6大种类型：人形纹、动物纹、植物纹、日常生活工具纹、自然天象纹、汉字纹。这些图纹多为几何纹，主要由直线、平行线、曲线、方形、菱形、三角形等组成。

主要花纹简介

在黎锦中最常见的纹样为人纹、蛙纹、鸟纹等。

人形纹被誉为祖先之魂，也可称鬼纹，从图案上也可称为祖宗图。黎族人认为，人由两部分组成，即灵魂和肉体，人死后灵魂离开肉体，肉体逐渐腐烂，

▲ 黎族女子服饰（黄敏 摄）

而灵魂则变成鬼，尤其是上了年纪的人去世后其灵魂变成"祖先鬼"，祖先鬼能保佑家人平安，但若后人对祖先不敬，则祖先鬼也会危害阳间的家人。基于这种认识，黎族人在处置死人时十分注重葬礼仪式，认为只有这样，才能使死者灵魂安息，才能让家人得于安生。正如黎族民间有一句谚语"天上怕雷公，人间怕禁公，地下怕祖公"。因此，为了保护家人平安，希望得到祖先鬼的庇佑，将祖先鬼纹织绣在服饰和筒裙上。这种认识从另一个角度深刻而真实地反映了黎族人的原始信仰和民族心理。因此人纹被为祖先之魂，除了具有装饰、美化的作用，还有非常深刻的含义，寓示随着社会的发展，黎族人的宗教信仰已从早期的图腾发展到祖先崇拜阶段。

蛙纹在黎锦中大致可分为具象蛙纹、变形化蛙纹和简化蛙纹三种类型。具象蛙纹非常具象化地呈现出蛙的基本特征，身体呈菱形，头小身大，身体自颈部逐渐向两翼扩展，上肢短小，向上伸展，下肢粗壮有力，做蹬地状，蛙蹼清晰，整体形象似捕虫状，栩栩如生。主要特点是形象感强、动感有力。变形化蛙纹是在具象蛙纹的基础上略加变化，以青蛙的菱形体形为基础，通过各种夸张、变形的方式将其外在的特征表现出来，或者突出其眼部特征，或者突出其跳跃的姿势，或者突出其"抱对"的生活习性，以抽象的方式表现出青蛙的整体形象。简化蛙纹是在变形化蛙纹的基础上继续加以变化，主要通过简化的方式将青蛙身体的基本形状和跳跃时的基本姿势用异常简洁的线条呈现出来，在表现形式上以写意为主。主要特点是仅保留青蛙的菱形化体形，抽象感强。

青蛙的孕育过程有一个非常独特的习性，那就是抱对。抱对指的是进入生殖期的雄蛙趴在雌蛙的身体上，将雌蛙紧紧抱住的现象。尽管青蛙的抱对并不是进行交配，而只是青蛙生殖过程的一个环节。但对于早期人类来说，由于这种现象与人类的交配行为非常相似，所以自然而然也就将其作为生殖过程的一种现象加以崇拜。青蛙抱对的习性在黎锦中也得到了体现，如在筒裙纹样中大多都可清晰地看出两只或两只以上青蛙并排罗列在一起的图案，抱对的特征非常鲜明。

青蛙是农业上的益虫，它捕食水稻田的虫害，保护农作物的生长，又是两栖动物。青蛙能赐子，能避邪恶，能护家宅，吉祥如意。青蛙鸣叫，天将降雨，一

▲ 黎族男子服饰（李树林 摄）

年的劳作，一年的丰收，自此而起，因而青蛙也成为雨水先觉者。

　　海南岛气候湿润，降水充沛，森林茂密，遍布河塘溪流，是鸟禽栖居繁衍的乐园。鸟儿轻松展开翅膀即可轻而易举采到树上的野果，优美娴熟地掠过水面即可衔得一尾鱼虾。鸟出日升，鸟归日落，它是吉祥的象征，更是从天上飞来的禾魂火神化身，由此孕育出了黎族的稻文化、食文化。在《斑鸠传种》传说中，叙述着斑鸠衔来谷种救助了奄奄一息的兄妹，并教会他们刀耕火种，使得年年点种，岁岁饱足，从此繁衍了人类。这个神话故事说明，在黎族人的心目中，鸟与早期农业有着深厚的渊源，它用稻谷养育黎族始祖，又教会黎族祖先种植山兰稻谷，鸟自然被人格化，成为护佑黎族生存的图腾。

　　黎族作为一个农业稻作民族，经过漫长的历史积累与社会发展，学会了刀耕火种，培育出了一种野生的旱稻——山兰稻。但是黎族人认为，这一切都与神鸟的帮助分不开，鸟儿成了黎族稻作文化和火文化的使者。

　　如果说黎锦是黎族传统文化的精髓，是几千年来黎族人民智慧的结晶，凝聚了黎族历史、宗教、艺术多方面的因素，是一部黎族传统文化的百科全书的话，

第二章　黎苗文化精神家园

那么，黎锦纹样图案则是这本百科全书上的一个个跳跃的字符，是我们解读黎族历史文化的密码。

五大方言区黎族传统服饰特点

海南省五指山地区植被资源十分丰富，火索麻、羊蹄麻、苎麻、木棉、草棉（吉贝）、海岛棉等植物的优质柔韧纤维为当地的纺织业发展提供充足的物质基础，黎族先民应用这些天然自成的资源，纺织出颇具特色的黎族传统服饰。2021年，黎族传统服饰入选为五指山市市级非物质文化遗产代表性项目。

随着时代和社会的变化，黎族男子的服饰已完全现代化，城乡妇女也较少穿着民族服饰，几乎只在传统的节日和婚丧时穿戴。黎族传统服饰在色彩、款式、图案上具有不同于其他民族的特点，在黎族"杞""润""美孚""赛""哈"五大支系中，既有相通之处，又各有不同之处。

黎族各方言地区服饰的花纹图案，根据生活环境、地理环境中所见到的自然形象加工变形制作而成，所制作图样从平原向山区逐渐演变，居住在深山地区的黎族多用水鹿、鸟兽、彩蝶、木棉花等作为图案模板，而聚居在平原地区的黎族则喜欢以江河中的游鱼、溪边的虾、池畔的青蛙和田间里的鹭鸶等动物作为织锦图案素材。她们通过夸张与变形，把自然的物象反映在织锦图案上，并选用多种植物制成染料，分别将棉纱线染成红、黄、黑、蓝、青等颜色，因而织绣出来的成品图案绚丽多彩，形色多样。

杞方言妇女服饰：

杞方言主要分在琼中、五指山和保亭一带，乐东、昌江、东方、万宁、三亚和陵水的部分地区也有分布。在杞方言地区，妇女头系黑色长巾，并佩戴饰以流苏的花头巾。穿着青色、蓝色无领或矮领对襟上衣，两侧衣兜上绣各种彩色植物和几何花纹，背部绣各种五彩的动植物花纹。下身穿绣花、紧身过膝筒裙，筒裙由筒头、筒腰和筒身三幅缝接而成。筒裙花纹有人物、动物、植物和几何图案，其中主要以人纹为主，象征人丁繁衍，并以深色线"夹牵"法绣出反差较大的明暗感。

▲ 黎族杞方言区传统织锦花纹图案鱼纹图（李树林　摄）

润方言妇女服饰：

润方言主要分布在白沙。在润方言区，妇女头缠厚厚的黑头巾，戴一形似无顶的宽边黑帽，发髻插一雕花骨簪或武士盔簪，用红绿线挂穗，垂于左右耳两侧或一侧。上着黑色无领贯头衣，领口前后均呈"V"字形（或仅前呈"V"字形），袖口和下摆均饰以贝纹，人和动物纹为主体图案的彩色绣花布。妇女上衣多在衣的两侧绣花，衣襟下摆，衣背下半部绣有宽边横幅花纹。下身穿紧身筒裙，长度是黎族各式筒裙中最短的，筒裙在膝盖以上20厘米左右，这也是黎族筒裙中款式最古老的一种，素有"超短裙"之称。筒裙由筒头、筒腰、筒身三部分缝制而成，花纹以人和动物为主，内容复杂，繁缛多变，但色调比较单纯。

▲ 黎族润方言区传统织锦花纹图案大力神纹图（李树林　摄）

第二章　黎苗文化精神家园

美孚方言妇女服饰：

美孚方言主要分布在东方和昌江。美孚方言区的妇女头戴黑白相间的头巾，身着平领黑色、蓝色开襟上衣，衣领绣有长方形彩边，衣襟上端左右各缝两条红色或棕色的长布条以用于系扣。衣领后搭着一块像海军领的四方布。下身穿着五光十色的华丽宽大长花筒裙，长度齐及脚面，筒裙花纹缬染而成，有纯扎染和彩织两种筒裙，其图案以人形纹为主，以鸟、鱼、虫等动物为辅，筒裙花色搭配鲜丽华贵。

▲ 黎族美孚方言区传统织锦几何花卉纹图案（李树林 摄）

赛方言妇女服饰：

赛方言主要聚居在保亭加茂镇，陵水英州镇和三亚藤桥镇三地交界的地区。

▲ 黎族赛方言区传统织锦花纹图案鸟纹图（李树林 摄）

赛方言区的妇女系长黑巾垂于脑后，穿浅蓝色右衽高领衣，大衣襟向右开，从领口向左斜的一排布纽扣一直到下摆，上衣素面镶边，穿长筒裙，长及小腿部，裙尾织有花纹。

哈方言妇女服饰：

哈方言分布地区最广，人口最多，主要分布在乐东、东方、陵水、三亚、昌江等市县，白沙、保亭、琼中、儋州等市县也有少量分布。哈方言区的黎族有许多自称，有"罗活""哈应""抱怀"等。哈方言区的妇女服饰式样最多，花纹图案也最为复杂，且不同地区服饰有差别。在哈方言区，"罗活"的服饰上衣前后下摆都绣几何花纹，脊背间有部落图腾花纹，筒裙多织抽象化的动物纹，衣的下摆多系以铜钱、铜铃、绒穗。"哈应"衫和筒裙都很宽大，制作精致。上衣前有对襟花，多绣菱形几何纹，后有腰花，以菱形骨架满地锦式为主花，多绣蝶翅或鸟纹，衣脊有图腾纹。长筒裙布满花纹，筒裙腰为彩条经纬线，筒裙头多几何、人物、动植物等图案。筒裙身是筒裙的主要部位，多描绘婚娶礼仪中的人物。整条筒裙的色调华丽大方。"抱怀"的上衣则为圆领衣襟，绣花并镶有蓝色或绿色布的绲边，"抱怀"的筒裙保留较多的传统，也是从腰至裙边都织满花，但仅有几种定型式，普遍流行的是乌鸦花。筒裙有长有短，其中长筒裙较宽，短筒裙则窄，筒裙大都是由筒头、筒腰、筒身和筒尾四幅缝接而成。这些织花的筒裙经纬密度大、质地厚，特别耐穿。

▲ 黎族哈方言区传统织锦花纹图案人纹图（李树林 摄）

第二章 黎苗文化精神家园

▲ 黎族服饰（陈达谞 摄）

黎族传统服饰工艺精美，种类繁多，充满艺术魅力，深刻体现黎族人民的智慧以及对于审美的追求。黎族传统服饰不仅具有耐穿的基本属性，更是一件件精美的工艺品。

第八节 民间传说，聆听远古的故事

五指山的传说

传说很久以前，海南岛上并没有五指山。那里原来是一片大平原。在这块平原上，居住着一对夫妇，丈夫名叫阿力，妻子名叫哪迈。他们生有五个孩子。一家人虽然日夜辛勤劳动，但由于没有锄头，没有砍刀，好几天砍不了一小块山，种植的坡稻数量很少，始终无法填饱肚子。

一天夜里，哪迈和孩子们都睡熟了，只有阿力翻来覆去睡不着，想着如何把荒地开得更多一些，让全家人填饱肚子。可是他想呀、想呀，想了半夜，依然想不出个好主意。深夜，他昏昏沉沉睡去，忽然梦见一位白胡须老人站在床前说："在你们家附近埋有一把宝锄和一把宝剑，你挖出来使用吧。只要你高高举起那把宝锄叫一声'挖'，平原上的荒地就会变成良田；你挥舞一下宝剑叫一声'砍'，大树就应声倒地；要是坏人来侵犯，只要你喊一声'杀'，坏人就会人头落地。"

第二天清早，阿力把梦中老人的话告诉家人，大家听了很兴奋，一齐动手用木棍在茅屋四周挖了起来。挖呀，刨呀，他们从早上挖到太阳落山。忽然，阿力"哎哟"叫了一声，从土里刨出一把黑油油的宝锄和一把闪闪发亮的宝剑。阿力按照白胡须老人的话，挥舞宝剑叫一声"砍"顿时一阵巨响，房屋周围的许多大树野藤一齐应声倒地。哪迈高举宝锄叫一声"挖"，果然荒地变成一片片良田。从此阿力一家人生活过得很美满。

▲ 海南屋脊——五指山（五指山市委宣传部　提供）

一晃就是七十年。老阿力临死的时候，把五个孩子叫到眼前说，荒地已经开得不少了，嘱咐他们小心种好作物。宝锄和宝剑要交还白胡须老人，让他转送给没有田地的穷人。话刚说完，阿力就合上眼睛死了。埋葬父亲的时候，五个儿子依照他的遗嘱，把宝锄和宝剑作为陪葬品，同时埋到墓里去。

阿力的死讯传到坏人阿尾的耳里，他勾结海盗派来的几百人，强占了这块肥沃美丽的土地。他们杀死了哪迈，把她五个儿子也同时捉了起来，狠心的阿尾用红藤绑着阿力的五个儿子，审问拷打了十天十夜，逼他们交出宝剑。五兄弟个个被打得遍体鳞伤，但始终不肯说出宝锄和宝剑埋藏的地方。阿尾发怒了，用火烧他们。五个兄弟流下来的汗水和眼泪把平原冲成五条溪，他们死去的时候，四面八方的熊、豹、山猪、蚂蚁、黄蜂、山鹰成群结队地赶来，把阿尾和海盗统统咬死，并搬来许多泥土和大石块，把五兄弟的尸体埋住，筑成了五座高高的山。人们为了纪念死去的阿力和哪迈的五个儿子，把这五座山叫"五子山"。后来，人们看到五子山好像五只手指，便改称为五指山。

（摘自《五指山民间故事荟萃》，讲述者：王克福）

翠花姑娘与五指山

传说五指山原名"邪山"，那么后来为什么叫做"五指山"呢？

很久以前，邪山上出现了一个妖王，他率领着一群妖怪，专门靠吃人过活，闹得人心惶惶，日夜不安。

邪山西边有一个村庄，叫做"舞黎村"。村里有个翠花姑娘，芳龄十八，生得俊秀而勇敢，舞得一手好剑。她的爸爸是被斜山上的妖怪吃掉的。因此，她对山上的妖怪恨之入骨，时时刻刻想杀上山去，把妖怪杀尽，替爸爸报仇。

一天，翠花姑娘从田间回来，走到一颗大树底下，坐下休息。蒙眬中，她看见一位老公公站在她的面前，对她说："姑娘，你怀念父亲，应该报仇，把妖怪杀死，替人民除害。我赐给你掀动大山的力气吧！"说完，用手拍了一下翠花姑娘的肩膀。翠花姑娘惊醒过来，不见了老公公，但觉得自己浑身都是力气。

第二天，翠花姑娘吃过早饭，套上美丽的筒裙，穿上最新的红衣，从墙壁上摘下宝剑，便昂头向邪山出发。到了山腰，只见层层黑云，笼罩着整个山头，从黑云里忽然出现一群妖怪，一拥上来要捉翠花姑娘。翠花飞舞起宝剑，围捕她的妖精纷纷倒地。她鼓起勇气，一直杀上山顶，沿途看见遍山白骨，恶臭冲天，以前被害者的血液流成五条大河，哗啦啦地分别向五个方向奔流入海。

妖王闻报翠花姑娘已经冲上山顶，慌忙出洞迎战。那妖王的相貌非常凶恶，口似血盆，头发青绿，两眼闪闪发亮。他手里执着一支长二丈八尺的金枪，直杀过来。

翠花姑娘大喝一声，立刻变成身高二丈，剑也变成二丈八尺长，剑的寒光闪闪逼人。翠花挥剑上前，两人便在山顶上大战起来。

奇怪，翠花姑娘越战力气越大，身体也越高，宝剑也越长，最后，终于把妖王刺倒在地。她趁势跳到妖王身上，用一只脚踏在妖王的胸膛上，把锋利的宝剑对准妖王的喉头。

这时，妖王知道难以脱身，便使出最后神通，呼出一阵大气。顿时天昏地暗，狂风大作，飞沙走石，从四面八方向翠花姑娘打来。说时迟，那时快，翠花姑娘举起左臂，大吼一声，左脚使劲把妖王踏死在脚下。但是飞沙走石比闪电还快，顷刻间把翠花姑娘埋没了！只伸出那只高高举着的巨臂上的五支手指。

后来，狂风停了，黑云散了，太阳的光辉仍然照在那座山上，然而斜山的面貌已改变了样子！当人们望见斜山上五支手指形的石柱，便记起翠花姑娘。为了纪念翠花姑娘，大家便把邪山改为"五指山"。

（摘自《五指山民间故事荟萃》，讲述者：王知会）

五指山与七指岭

很久以前，天下太平。我们这里原是一片无边的平原，牧草茂密，万物生长，仙境一般。一天，忽然风雨大作，天摇地动，玉帝急忙叫来雷公兄弟扬叉和法也凝兄弟，告诉他们说，大难临头，天地将要倒覆，命令他们下凡去压实地基，以免遭劫。兄弟两人领得圣旨，带上工具匆匆下凡，扬叉和法也凝分别挑土搬石，用堆山的方法，将地压实。地基牢固了，天才能稳。他们挑呀搬呀，时间一天一天地过去了，山也愈堆愈高。扬叉堆了五座连绵的山峰，这就是今天的五指山。法也凝也堆了七座比五指山还高的山峰，这就是今天的七指岭。这些山峰造好后，天地才得到稳定，灾祸才得到消除。

这时候两兄弟才安下心来。在谈笑间，他们提出比一比，看谁筑的山牢固。于是他们两人互用脚来踢两座大山，七指岭被扬叉一踢，便下陷了许多；可是法也凝却踢不动五指山，这样七指岭便低过五指山了。因为五指山牢固，所以今天仍耸立云霄，巍然矗立在海南岛上。

（摘自《五指山民间故事荟萃》，讲述者：王知会）

大力神传说

远古时候，天和地之间只有几丈之距。并且，天天有七个太阳和七个月亮，昼夜把大地烤得非常炽热。白天，生灵们不得不躲进很深的洞穴里去。夜间，又有七个耀眼的月亮。人们根本不能从事任何生计活动，只有在日月交替的黎明和黄昏那一瞬间，人们才争先恐后地走出洞口，撕下天芯（云）当饭吃。生灵们真是叫苦连天。

黎族祖先的英雄——大力神认为，这样长期下去，人类一定会灭绝。因此，在一夜间使出他的全部本领：身长万丈，把天拱顶到无法形容的高空，形成现在的高不可攀的天空。

但是，把天拱高了，天上还有七日七月。大力神便制作了一把很大的硬弓和许多的巨箭。白天，冒着烈日，对着天空，一箭一箭地把太阳射下来。当他射落第六个太阳的时候，人们纷纷要求：留下一个吧！万物生长离不开它的光和热。夜间，大力神又冒着强光刺眼的七个月亮，张弓搭箭，一个一个地射下来。当他把第七个月亮射了一小片时，大家纷纷要求：饶了它吧！让它复圆，把黑暗的夜间照亮。所以，月亮便出现亏损和复圆的现象。从此，大地上出现了五谷丰登、人丁兴旺的景象。

传说，古时候的大地一片平坦。大力神认为，大地上必须具有其他生物栖息的高低不平的环境。于是，他从天上取下彩虹作扁担，抽尽地上的路当绳索，从

▲ 黎峒文化园袍隆扣像（黄敏 摄）

海边挑来大量的沙土造山。从此，大地上便出现了许多崇山峻岭。据说，那大小低丘是他的大筐漏下来的泥沙。此外，他还把梳下来的头发往群山上一撒，山上便长出如头发般茂密的林木。大小动物都非常感谢大力神的恩德。

有了高山峻岭，又必须具有鱼虾等水族生息的江河湖泊。于是，大力神拼尽力气，用脚尖踢划群山，掘通了大小无数的河沟。他的汗水淌在这些河沟里，形成了奔腾的江流。据说，其中最长的一条，就是畅通无阻的昌化江。

大力神为万物生息而万死不辞。当他完成了伟大的造化大业后，筋疲力尽而倒下去了。临死时，还恐怕天再复塌下来，便高举起一只巨手把天牢牢擎住。后来，人们传颂说：那巍然屹立的五指山，就是大力神的巨手。

黎族是一个崇尚孝敬的民族，祖先崇拜在黎族人民观念中占有十分重要的地位。大力神就是黎族祖先的化身和精神寄托。

（摘自《黎族民间故事大集》，讲述者：林大陆）

▲ 鹿回头雕塑（三亚鹿回头旅游发展有限公司　提供）

❀ 鹿回头的传说

很久以前，有一个勤劳勇敢的黎族青年猎人，从高高的五指山上追逐着一只花鹿，一直追到南海边。花鹿奔上了一座山头。山下是大海，前面无路可走，花鹿只好回头望着猎人。

猎人拉弓，正要射箭。忽然，山头上升起一朵红云，猎人顿时愣住了。一会儿，红云散开，花鹿不见了，一位美貌姑娘出现在眼前。

猎人顿时惊喜万分，甩掉弓箭，向山头跑去。姑娘含羞带笑地朝着他慢慢地走来，他们像鱼水一样结合了。

后来，猎人和鹿姑娘就在这块土地上安了家。猎人打猎耕田，姑娘纺纱织布，过着幸福自由的生活。从此，人们便把这个地方叫作鹿回头。

（摘自《三亚市志》）

甘工鸟的传说

相传很久以前，五指山南麓有一户清贫农家。家中有一个清秀的少女，名叫阿银。阿银从小心灵手巧，成为山寨闻名的织绣能手。隔山东村有一位英俊青年，名叫阿和，是山寨中闻名的猎手。阿和、阿银从小一起上山砍柴和放牛，天天对歌不分离。阿和、阿银爱情歌声，唱得山花盛开，唱得鸟儿欢叫，庆贺人间爱情的幸福。

美景不长，阿银的老父亲病逝。因家贫穷没有钱财安葬父亲，阿银的哥嫂向财主家借债。埋葬父亲后，财主家派人天天上门逼债，看见阿银美貌垂涎三尺，逼迫阿银以身抵债。阿银被迫嫁进财主家，天天心挂着阿和哥。在财主家三年苦守空房，从未看见丈夫的颜面。家仆告诉阿银说："你的丈夫是婆家的少爷，名叫帕梯衬（黎语意为身背生脓疮腐烂的男人），住在阁楼上养病。"有一天，阿银偷偷上竹楼看丈夫，看见帕梯衬睡在竹床上，床下流脓疮，臭味冲天。阿银看见此惨境，埋怨自己身世多苦楚，啼啼哭哭回娘家，提出坚决退婚。哥哥和嫂嫂耐心劝说："侍家穷，侬的婚事既定以身抵债，快快回去婆家吧！"阿银坚决不依，一心要去找阿和哥，并告诉哥嫂："生做阿和妻，死做阿和家鬼。"

自从阿银逃出财主家后，财主家天天派恶棍登门强逼阿银回婆家，还威胁说："阿银不回去，少爷帕梯衬病情恶化殒命，一定把阿银活埋陪葬。"阿银表示："我同阿和姻缘天注定，强逼我嫁帕梯衬，你们拿刀去砍水，砍得水断，我跟你们回去。"

阿银抗婚天天啼哭不止，决心人身变鸟离开人间，远走高飞，去追求自由和幸福。有一天，哥哥嫂嫂出去劳动，家里只有阿银和小妹。阿银把衣裳的五条艳带和五花桶剪缝成鸟的翅膀，又把首饰项牌银圈舂碎，要求小妹拿去熔化成银浆，制成鸟的翅膀骨架。制成鸟衣后，阿银穿上鸟衣训练飞翔整一个冬天。小妹对姐姐追求自由幸福的愿望始终同情和保密。第二年春天的三月三，阿银终于飞上蓝天，飞进大森林，飞向大海了。阿银去寻找阿和哥，人间只听她在东边"甘"，在西边"工"，在南边"甘"，在北边"工"的声音。古往今来，甘工鸟声音年年不停止，后来人们就把阿银称为"甘工鸟"了。

（摘自《通什市志》，整理者：王国全）

❀ 龙凤梯田的传说

相传很久以前，在黎族大力神创造世界一切生灵后，正逐渐的耗尽体力。可是为了刚塑造的苍生，大力神还是在拼尽力气，举起了右手，把天撑了起来，避免了宇宙又一次陷入混沌。

大地开始生机勃勃，可人间为争夺土地，又开始了连年不断的战乱。有一个部族为躲避战乱，沿河流向北迁徙。他们来到了五指山周边寻找落脚的地方，建立家园，开荒造田，修建黎寨，巡山狩猎，勤劳地开辟着新的家园。

村子中有一叫冒哥的年轻后生，父亲早逝，同母亲相依为命，他对母亲极尽孝道。冒哥高大威猛，智勇过人，犹善狩猎，常将所猎分送乡亲。有一贝妹，同冒哥比邻而居。贝妹心灵手巧，织锦技艺很是了得，乡邻们称其为秀手姑娘。冒哥、贝妹互相爱慕，常相处一起，自然结成夫妻。贝妹怀孕待产，胎生异相，似有多子。一夜，贝妹忽做一梦。梦中紫光夫人相牵其手说："汝肚中育有凤凰二胎，当为人间凤凰。"

再说五指山中一千年修行虎精，因常食人，大力神曾经将其困在山中。一日趁大力神专心造物，无暇顾及时，虎精逃出山来，在五指山周围乱窜，常捕黎民为食。黎民人心惶惶，纷至逃离。恰巧这时贝妹生产，诞下双子。冒哥、贝妹不愿逃离，坚守家园。一日，二人外出垦荒开田，家中老母亲照看幼儿。虎精进门欲捕食双子，老母亲挺身拦阻。老母亲遭虎精掳去，成为虎精腹中之餐。冒哥、贝妹回到家，见老母亲为虎精所食，怒气冲天，发誓斩杀虎精，为老母亲报仇。冒哥取弓箭猎叉，进山寻虎报仇。于山中同虎精相遇，相斗七七四十九天，不分胜负。冒哥杀不得虎精，怨愤满腔，对天长啸，啸声凄厉，声震五指山。冒哥筋疲力尽，爬上一高大沉香树，抱树而睡。说来凑巧，冒哥所抱沉香树为一千年古树，早已修炼成精，尤善医道，常化做老翁，远至周边黎寨，为民治病。

沉香仙翁对于冒哥孝行善良早知心底，寻思相帮。见冒哥熟睡，托梦给冒哥。让冒哥前去离此地百里之遥的牙胡村,购买一奇香糯米酿米酒,再去相距百里之远的牙排村,砍伐一株百年茶树,到时自有神人相助。冒哥一觉醒来,所做之梦清晰记得,认定必是神仙相助。于是,冒哥立即赶赴牙胡村买来上佳糯米酿造的糯米酒,又去牙排村砍来百年老茶树制作成香茶。

糯米酒、茶木香做成之日,沉香仙翁于山坡上闻得山风吹来的满山糯米酒香及茶树清香,化作一老翁上得冒哥家来说要喝酒吃茶。冒哥见来者似是梦中所见仙人,急招进屋,摆酒相敬,恭请仙人指点为民除害。沉香仙翁见冒哥心诚,决意为民除害,附耳轻声相告:"我本是山间沉香树,修成医道,可为山民治病,却帮不得你们除去虎精。今泄露一天机与你,希你切记。天明之后,你去五指山二指山上,摆山兰米酒,焚茶香,另置一丈铁索。到时雷公风婆皆会前来,你夫妇以酒敬之,喝醉无妨,自会为你捕虎除害。当会雷雨造田。切记切记,对雷公风婆只能敬酒九碗,酒过九碗不能再敬。否则,雷公风婆酒醉乱性,日后可能留有后患。"说完飘然而去。

翌日天明,冒哥、贝妹挑了九缸米酒、九捆茶香,于五指峰上摆上酒案,焚上茶香。茶香袅袅青烟直上天庭,散发出独特异香。雷公风婆不禁清香诱人,降落凡间,径直到了五指山。寻清香而至,见有黎族夫妇摆酒焚香于五指峰上。不禁高声赞叹:"人间竟有此等佳酿奇香,稀奇!稀奇!"冒哥、贝妹猜必定是雷公风婆来到了,内心大喜,于是赶紧捧杯敬酒。雷公风婆难抵糯米酒之奇香扑鼻,接杯而饮。贝妹一边敬酒一边唱道:"黎胞避难来斜山,黎民开荒建家园。无奈虎精来为患,黎民畏虎逃离远。虎精进门掳老母,痛失慈母心恨怨。天上仙人来斜山,冒哥贝妹求救援。"歌声凄惨哀惋,冒哥痛哭流涕,雷公风婆见状唏嘘不已,痛斥虎精。

雷公风婆便掏出雷锤,拾起地上铁索,进山寻虎,对天猛击。瞬间,便见狂风大作,电闪雷鸣,地动山摇。雷公风婆寻得虎精,与虎恶斗,铁索狂甩。但闻虎声哀嚎,声惊数里。冒哥贝妹从未见过此等阵势,不禁魂飞魄散,早忘了沉香仙翁交待的雷公风婆敬酒不能过九碗的叮嘱。雷公则因酒性兴起,等不及冒哥斟酒,端起酒壶自斟自饮。一杯酒一声雷,雷公不知道喝了多少杯酒。老虎被雷公驱赶到牙胡山上,无处可逃,只能围着山坡绕圈圈。雷公一声雷响,老虎就绕山

寻旅五指山

坡一圈。转瞬间，老虎围绕着山坡踩出了一条条山道。真得是，雷公一声雷一坡田。雷公也不知道打了多少声雷，更不知道造了多少坡田。

风婆看到雷公把老虎打得满山乱跑，她也不甘落后。一口气，她把老虎吹到了牙排山上。风婆酒兴大发，喝了个酩酊大醉。虎精被风婆吹得神魂颠倒，只能围着一座山丘不停地绕圈圈，风婆一边喝酒一边吹风，虎精跑得气喘吁吁，不断求饶。风婆本来想让虎精跑到筋疲力尽为止，无奈虎精已经成妖，就象拧紧发条的机械虎，一时半会还治服不了虎精。

五指山下的电闪雷鸣，狂风大作，终于还是惊动了大力神。当时他正用尽最后的力气，撑起天空不让砸下来。可是看到眼前的虎精还在祸害人间，雷公风婆发了疯一般把虎精赶得四处逃窜。废掉了庄稼，吹走了黎寨的船形屋，大风起时，飞沙走石，大树被拦腰折断。眼看着自己创造的世界顷刻间就要被毁坏殆尽，大力神用尽最后力气，伸出擎天的一个手指头，把虎精按在一座山头上。于是山头出现了一圈圈大力神的指纹，虎精命丧山丘，大力神的指纹则永远留在了

▲ 牙胡梯田（张江英 摄）

水满山坡上。雷公风婆见虎精已死，连忙收住了雷电，停了狂风，大呼痛快。

电闪雷鸣过后，夫妻俩见满坡梯田，广阔无边。于是，就让儿子管理牙胡梯田，因为梯田如九龙盘旋，又叫龙梯田；让女儿管理牙排村附近的大力神指纹梯田，因为其形状如凤凰起舞，又叫凤梯田。从此，龙凤梯田，就成为五指山大力神和雷公风婆的共同杰作，一直保留到今天。龙梯田种出的山兰稻，香遍五指山，而凤梯田种出的茶树，竟然比人间的任何茶树都要早发出嫩嫩的春芽。更为神奇的是，五指山春茶竟有一股浓浓的沉香味道。这背后肯定有沉香仙翁施的仙法吧。

山兰稻种的传说

五指山地区流传着山兰稻种的传说。

从前，五指山下的黎胞靠打猎过活，靠野菜充饥，过着漫长的穷苦日子。有位打猎能手名叫阿虮，住在五指山下小河旁的一个黎族村寨里。后来，他与美丽的邬鲜姑娘结了婚，阿虮打猎，邬鲜采野果、野菜，夫妻俩勉强度日。

邬鲜的美名传到了峒主山甲的耳朵里。一天下午，山甲带了随从向阿虮家闯来。刚走到小河边，就看见邬鲜挑水走来。山甲赶忙上去拦住了她的去路，一双鼠眼死死地盯住邬鲜，大声说："真美！真美呵！"邬鲜知道峒主不怀好意，急忙后退几步，夺小道挑水跑回家去。

山甲带领随从跟着赶来，破门而入，见到邬鲜正慌慌忙忙地收拾东西想逃走。山甲皮笑肉不笑地说："邬鲜，您的美貌名不虚传，可别走啦，快到我家去享福吧。"邬鲜还没说话，山甲便上前动手动脚。邬鲜慌忙一闪，"啪"地一声，给了山甲一个耳光。她正要冲出门去，却被一个随从捉住了。正在这时，阿虮打猎回来，躲在大木棉树旁看得一清二楚。他怒火中烧，开弓搭箭，"嗖"的一声，那个随从中箭倒地；另一个随从走过来要捉邬鲜，她急忙向大木棉树逃去。没等那随从赶上来，阿虮一把拉着邬鲜向深山跑去。

山甲从草房里捂着左脸赶出来，大叫着要随从们追赶。突然，"嗖"的一声，一支箭射中了山甲的左手，疼得他在地上直打滚。随从们都怕阿虮这个神箭手，一个个慌忙退了回来。山甲浑身发抖，哆嗦着叫随从扶他回家，并命令两个随从去放火，烧掉阿虬的草房。

阿虬带着邬鲜东奔西走，四处逃命。山过山来岭过岭，越过一条条深涧、小溪，走过一条条羊肠小道，数不清走了多少路，终于来到一座高高的山上，找了一个大石洞栖身。这座高山常年云雾笼罩，飞禽走兽飞来走去，野果、野菜很多。为了生活下去，邬鲜去采野果、野菜，阿虬去打猎，勉强度日。

春去秋来又是冬。有一天，阵阵寒风刺骨，邬鲜冷得直打哆嗦。她采不到野果，阿虬也打不到禽兽，两人只好在石洞里烧火取暖。这对苦难的夫妻，尝尽了人间的辛酸苦辣，肚子饿得咕咕叫，多么希望有个温饱的日子呵！夜里，夫妻梦见一位白发苍苍的仙翁，对他们说：将有白鸽送山兰稻种来，刀耕火种，日子会好起来。夫妻梦醒后，高兴极了。他们盼了几天，什么也没看到。在一个晴朗的早晨，他们在洞边的一株大香椿树枝上，看到一只少见的白鸽，对着他们叫了几声。阿虬不禁喜出望外，轻轻地说："它带山兰稻种来啦！"但这么高怎么上去要呢？他向白鸽招手，白鸽又叫了几声。阿虬没有办法，只好拉弓搭箭，"嗖"的一声，白鸽中箭落下来。邬鲜连忙拾起白鸽抱回洞里，找遍它的身上没有看到山兰稻种。一会儿，白鸽闭上眼睛死了，阿虬只好把白鸽肚子剖开，终于发现了一粒粒金黄色的山兰稻子。于是他们马上动手在石洞边那块土地上，把种子点种下去。然后，把白鸽安葬在野麻竹旁。

不久，山兰稻果然长得十分茂盛。过了一段时间，夫妻俩在这块土地上收获了许多山兰稻谷。一半留种，一半用石头磨去谷皮，露出雪白的大米，又砍下野麻竹筒，把米装进竹筒里，倒进清清的山泉水，拿到火上去烧熟。他们第一次吃上了香喷喷的山兰饭，高兴地说道："山兰饭真好吃！"他们朝着高高的五指山谢天谢地谢仙翁。从此，他们更加辛勤地砍山烧荒播种山兰稻。冬去春来，一天阿虬正想外出去打猎，突然发现白鸽坟旁的那丛野麻竹长得特别好。其中，

▲ 山兰稻（李帅鸿 摄）

有一棵特别高的山麻竹被大风吹倒。阿虻摸摸箭筒中的箭快用完了，便把那株特别高大的大麻竹砍下来，拉回洞里去制作竹箭。

阿虻和邬鲜刚过上温饱的日子，谁知死对头山甲带着随从打猎追山鹿竟来到了这里。阿虻和郭鲜正在洞门口劳动，忽然发现一群小鸟惊慌飞逃，不知来了什么人。阿虻连忙回洞拿出弓箭，带上砍刀，走到大岩石上遥望。突然，他发现了山甲。赶上山来的山甲仰头一望，也看见了阿虻。仇人相见，分外眼红。阿虻急忙取出用那株野麻竹做的竹箭，把山甲射死了，随从逃走了。阿虻与邬鲜走了几天几夜，欢天喜地回到五指山下的小河旁。黎村中的姑娘们知道了，纷纷出来迎接，大人和小孩们也来了，大家帮阿虻、邬鲜重建家园，盖起一座宽敞的草房。

阿虻和邬鲜把山兰稻种分送给村中的乡亲，大家一同刀耕火种，辛勤劳动，过着幸福美好的日子。山兰稻也就代代相传下来了。

（摘自《黎族民间故事大集》，讲述者：王二水）

槟榔果定亲的传说

槟榔是海南岛的特产之一，是我国五大南药之首，药用价值很高，海南人喜欢种植，而且把槟榔果作为定亲的信物。

传说很久以前，五指山下的黎寨中住着一位名叫拜萝的姑娘。她勤劳聪明，美如天仙，方圆几百里的青年人，都争先恐后地向她求婚。拜萝家里只有母女两人，母亲患上瘴病卧床已久，拜萝对母亲百般孝顺，尽心照料。她听说用五指山上的槟榔果，可以治好母亲的病，但由于山高路险，凶兽挡道，很少有人敢登五指山。拜萝为了早日治好母亲的病，又想挑选勇敢能干的青年当自己的丈夫，于是便对登门求婚的青年说："我不爱钱财，只爱勇敢有本事的人。如果谁能把五指山顶上的槟榔果摘给我，我就与他结为终身伴侣。"许多求婚的人听后都畏惧了，唯有一位名叫龙兴的青年猎手，深深地爱着拜萝，并意会拜萝求摘槟榔果的用心，为了赢得美满的姻缘，把未来岳母的病治好，他决心攀登五指山，摘下槟榔果。龙兴家里还有个母亲，正患着青光眼症。母亲听说儿子要上五指山摘槟榔果，忧心忡忡，含着眼泪说："兴儿，以前你父亲为了给穷人治病，也曾上五指山摘槟榔果，却不幸死在山中，连尸首也没找到。我为他哭得死去活来，患上了青光眼。你此去如果有个三长两短，叫我今后怎能活下去呢？"龙兴劝慰说服母亲后，背着弓箭和砍刀便上路了。经过千辛万苦，射死无数凶兽，砍山开路，他终于攀登上五指山的顶峰，摘回一大袋槟榔果。龙兴亲自把槟榔果送到拜萝家去，拜萝又兴奋又敬佩，她遵守自己的诺言，与龙兴结为夫妻。拜萝母亲经服用槟榔果药汤，瘴病很快消除；龙兴母亲的青光眼，也由于服用槟榔果药汤痊愈了。黎寨周围的病患者也服用龙兴赠送的槟榔果，恢复了健康。为造福后代，龙兴还把摘来的槟榔果栽种在村前村后，使五指山区处处长满了槟榔林。以后，人们更是把槟榔视为爱情的象征，把槟榔果作为定亲的信物。

（摘自《五指山民间故事荟萃》，讲述者：王老友）

黎族过海先民盖船形屋的传说

很久以前，有个穷苦忠厚的奴隶，叫王亚运，年约三十，终年替奴隶主干活。

有一天，奴隶主的一头牛不见了。奴隶主硬说是王亚运搞的鬼，把他打得死去活来，扬言要把他活埋。在奴隶们的帮助下，王亚运逃离了。但是逃到哪里去呢？他抬头望一望天，北边的天漆黑一团，好像暴风雨就要来临，南边的天比较晴朗，星星在闪烁。于是，他便朝着南方逃去。他走呀走，天黑了，他便躲在一间破庙里过夜。他跑了一天，又饥又饿，躺下不久便睡着了。

半夜里，忽然刮起了一阵大风，王亚运被吹醒了。这时，庙里来了两位大仙，他们互相交谈着天下的奇闻。一个说："从这庙往南走，不到十里路，有条小河沟。沟那边就是百宝山，山里尽是金光闪闪的金银、宝玉。谁要是能翻过小河沟到百宝山，谁就会得到百宝，可以供养他一辈子。"另一个说："相隔这里几千里的南方，有个非常肥沃、富饶的宝岛，谁要是到了那里，勤劳耕作，种上各种农作物，年年都能获得丰收。至于金银财宝，那是取之不竭、用之不尽的。保证子孙后代能过上美好的生活。"

两个大仙讲完了这些话之后便走了。这时，王亚运躺在草堆上思索着两个大仙的话。他想，是到近处的百宝山去取回金银财宝享乐一生，还是到远方的宝岛去耕种，用自己的双手创造美好的生活呢？人不能光顾自己，如果怕苦怕累，到近处去取金银财宝，供养自己一生，不为自己的后代创业，那么自己的后代不也会像自己的现在一样穷困吗？他想呀想呀，不久天就亮了。他最后决定到遥远的宝岛去，决心开发宝岛，创大业，让自己的子孙后代都能过上好日子。他跋山涉水朝南走，过了一山又一山，蹚了一河又一河，走了一天又一天，风吹雨打，劳累饥饿，人间的千辛万苦在折磨着他："什么时候才能走到，能不能到达。"他有点动摇了。他正犹豫的时候，从北方天上"呖呖"地飞来了一群大雁，好像对他说："走呀走呀，不远了，很快就会到了。"

天气开始变冷，大雁冒着风雨往南飞。王亚运望着南飞的大雁，心想："雁子为了生活，不顾艰险往南飞，难道自己比不上一只鸟吗？"于是他鼓起勇气继续往南走，走了两个多月，终于走到了琼州海峡的北岸。站在一个高坡上往南看，只见一片水连天的汪洋大海。他发愁了："怎么弄条船过去呢？"他又累又饿，便采了些野果充饥。不久天黑了，他躺在大树下休息。睡到半夜，突然刮起阵阵的北风，寒风把他冻醒。他又听见两位大仙说："起北风了，好后生可以乘独木舟漂过海去。"这时，王亚运好像睡在摇篮里一样，摇摇摆摆地不久便睡着了。

第二天早晨，当王亚运醒来时，他已站在海南岛上了。这时太阳东升，宝岛一派好风光，远处是郁郁葱葱茂密的森林，近处是绿油油的野生植物，河里是成群的游鱼，海滩上有美丽的贝壳。所有这一切都吸引着他，他爱上了宝岛。他挥舞着砍刀，砍来树枝、茅草，盖起一间像独木舟倒扣一样的茅草房。后来他与岛上的一位姑娘成亲，生儿育女。他们在这里刀耕火种，靠自己的劳动过着幸福的生活，他们的子孙成为黎族的后代。

（摘自《五指山民间故事荟萃》，讲述者：刘亚育）

咕嘎：毛纳村青蛙图腾的传说

咕嘎：黎语为"青蛙"。毛纳村民间流传着这样一个青蛙图腾的传说。

古时候，黎族有一对夫妇，因婚后多年没生孩子而日夜焦急，十分苦闷。有一次，妻子对丈夫说："我们要是有个孩子，不管是什么样子，只要能带来乐趣，

寻旅五指山

解除苦闷，能传宗接代就行了。"一年后妻子怀孕了，夫妇俩高兴得无以言表。不久，妻子便生下一个孩子。可是，却是一个奇形怪状的孩子：他的头部略呈三角形，鼻尖、嘴阔，身躯宽而短；出生有四肢，上肢有四指，下肢却有五指，相貌同青蛙一模一样。于是，父母便给他起了个名字，叫作蛙仔。蛙仔出生后，左邻右舍的人都纷纷赶来看望。随后，各种各样的议论也传开了。有的说，这简直是"仙仔"，也有的说，这可能是"福仔"，有"福气"。所谓"福仔"，是因为夫妻俩朝思暮想生孩子之情感动了老天，后来老天才特别让她生下这个"蛙仔"；至于所谓"福气"，是说他长大后可能有本领，当官发财，给全家带来福气。

这个蛙仔性情古怪。一来不同父母睡在一起，而是独自到水缸旁的潮湿处去蹲着。二来不吃母亲的乳汁，也不吃饭，吃的是木炭，而且量很大，每天要吃三斤木炭。三来苦练武艺，特别是善跳会跃，一跳就是十米八米的。

功夫不负有心人，随着年龄的增长，蛙仔练就了一身过硬本领。有一次，父亲发现自家种的番薯被山猪践踏，损失很大，甚为伤心。蛙仔知道后立即连蹦带跳去探查，果然发现几只山猪正在糟蹋番薯。他一气之下，鼓起腹部，张开大口向山猪吹气，喷出来的水柱，顿时把山猪击打死了，大快人心。

有一年，天出奇地旱，人畜无水喝，禾苗晒死了，人们焦急得如火烧屋一样。这时蛙仔出来说："我来叫天降雨。"只见蛙仔纵身跳出了人群，朝天喝道："哇哇哇！老天爷下雨吧，拯救黎民！"蛙仔大喝了几遍，果然乌云从四面山顶涌过来，刹那间雷声滚滚，电光闪耀，大雨倾盆而下。在场的人个个瞪目

▲ 毛纳村（黄敏 摄）

78

结舌，无不为蛙仔这一做法震惊。这一年秋天，稻谷丰收了。

有一年，国家受外来者侵犯。在生死存亡的危急关头，国王发出布告称，谁愿意为国家出谋献策，挽救国家，他就将公主许配给谁。当蛙仔知道后，欣喜若狂，立即同双亲商量准备去晋见国王。父亲听后，对蛙仔说：

"孩子，你这是痴人说梦，这天鹅肉吃不得！"

"阿爸，咱自有办法，请您尽管放心。"蛙仔满有把握地说道。

第二天，蛙仔便跟随父亲去晋见国王。国王听罢蛙仔的叙述，顿觉里面大有文章，便按计划立即做好迎敌的准备工作。

在边境一带，全民动员起来迎敌，蛙仔亲临阵地指挥。这时，侵略者正大张旗鼓地步步逼近。瞬间，蛙仔使出浑身力气，呼风唤雨，只见大雨倾盆，雷电交加，洪水暴涨，把临界河的敌人淹死了。大家看到蛙仔这绝技，无不拍手称赞。

侵略者的进犯被粉碎了。举国上下祝捷大会上，国王面带笑容地亲自将公主许配给蛙仔。

公主的"蛙郎"，白天原形是青蛙，夜间却蜕变成一位美貌的公子。

黎王保黑马当的传说

从前有位黎王，名叫保黑马当，传说他是一个从天堂下凡到人间的仙人。

有一天，保黑马当乘着飞马来到了五指山顶，朝山下观望。见到黎区到处山山岭岭，土地不及汉区平坦富饶。黎王默默推算，知道三月十五日午时三刻，将有大风大雨降临。他决定利用狂风暴雨，来改变黎区的环境，使它也变得美丽富饶。

有次，黎王在五指山山顶俯瞰，忽然看见一位年轻貌美的姑娘，正在一户人家门前握着木杵舂米。她的美丽吸引了黎王，黎王很想娶她为妻。于是，黎王搭起弓箭，"嗖"地一声，正好射中姑娘双手握着的木杵。这姑娘原来是天上下凡的仙女。突然飞来的箭使她十分意外，她抬头向五指山上望去，收拾好木杵和箭杆，便回屋里去了。

黎王在五指山顶上把这一切看得清清楚楚。他马上驾上飞马，飞到姑娘的屋门前，叫道："美丽的姑娘，请出来吧！我的箭杆在哪里？"

姑娘出来，一见是黎王，恭敬地说："尊敬的黎王，你的箭杆在这里！"

"美丽的姑娘，箭头儿尖尖，插在你的心上，也插在我的胸膛。我请求你做我的妻子！"

"箭头儿尖尖，插在你的胸膛，也插在我的心房。跟你去吧，做你的妻子！"

黎王就和年轻貌美的姑娘，手挽着手跨上了飞马。飞呀飞，飞上了五指山。黎王成亲以后，生活很幸福。可是原来常下山来的神仙们，已经好些时候不来五指山和黎王一起饮酒了，黎王为此常常闷闷不乐。贤惠的妻子虽然百般劝慰，也不能减轻他的烦恼。到了三月十五日午时三刻，大风大雨降临，黎王却把改造黎区这件大事忘记了。当他突然想起的时候，佳期已过。黎王站在五指山顶的尖蜂上，望望平平坦坦的千里汉区，又看看尽是山山岭岭的黎区，深感自己错过了为百姓造福的好机会，后悔莫及，心里十分难过。

为了解除烦闷，黎王骑着飞马游玩，他从五指山飞到吊罗山，从七指岭飞到鹦哥岭，飞过了一山又一山，一岭又一岭，把天下的山岭都飞遍了。最后他飞到了一座山上，当即跳下飞马，在山顶踏跳，突然对着块石头，使劲地踢了一脚，石头上就留下了他的脚印。他又飞到另一个岭上，跳下飞马，在岭顶上踏跳。当他坐在一块大石上休息时，大石上又留下了他坐过的印迹。有一天，黎王把路旁一棵又高又大的树的树干弯了下来，坐在上面想：这粗大的树干，拦住了道路，来往的人无法通行。这时，恰巧有个牧人，赶着两头牛经过这里。一见大树拦路，就禀告黎王，他要赶远路，请黎王帮助把拦路的树干搬开。黎王问明他的去向后，就叫牧人将牛赶到树干上，说："你不要怕天黑路远，我替你把牛送到要去的地方！"黎王的话音刚落，"砰"的一声巨响，大树顷刻间直立起来，把骑在树干上的两头牛弹到很远很远的地方。一头牛落在铁岭，另一头牛落在南拖岭，两头牛都变成了石牛。

黎王携带着妻子，骑着飞马，离开了人间，回到天堂去了。据说五指山区一些山岭的石头上，到现在还可以找到黎王坐过的印迹和踏过的脚印。那两头石牛，至今仍站在铁岭和南拖岭上遥遥相对。

（摘自《五指山民间故事荟萃》，讲述者：吉文伯）

杀老鹰精与"三月三"节的传说

黎族"三月三"节始于何时,无法查考。传说很久以前,五指山区的一对青年恋人,男的叫打实,姑娘叫娜艾。他们相亲相爱,热恋了三年零三个月。

当时,有一只老鹰精,生性残暴又好色。人间长得貌美的女子,它都要抢去做老婆。在打实和娜艾举行婚礼的那一天,老鹰精把娜艾抢走了。愤怒的打实,气得眼冒火星,牙齿咬得格格响。为了把心爱的妻子找回,他告别父母和亲友,背着弓箭朝老鹰精飞走的方向追去。

打实爬了一座又一座高山,过了一条又一条河,走了一个白天又一个白天。饿了,用野果充饥;渴了,便喝山泉水。爬过了四十九座大山,过了四十九条大河,走了整整四十九个白天。最后,他终于在一个大森林里的一个大洞口发现了他送给娜艾的银项圈。他断定这就是老鹰精的老巢了。打实把洞口仔细打量,洞口足足有丈把阔,几丈以下就看不到底,阴森森的不时从洞里吹出一阵阵冷风,使人直打寒颤。打实毫不动摇,他砍了十多条红藤连接起来,将一头绑在洞口的一棵大树上,顺着藤往下滑。洞里一片漆黑,看不见路。打实凭借多年夜间狩猎的经验,缓慢爬行。走了好长一段路,忽然,黑漆漆的洞变成光亮亮的,一座水晶石连成的石级,一直伸延到洞底。他沿着石级往前走,左一个弯,右一个弯,足足转了九十八道弯,看见了一座石宫。娜艾正坐在那里暗暗流泪。

娜艾看到了打实,悲喜交集,忙走上前拉住打实说:"老鹰精一直逼我成亲,我死也不肯。"

"老鹰精现在在哪里?我去杀掉它。"

娜艾小声地告诉打实:"要杀老鹰精,一定要先偷到它的宝剑,等它睡熟了再干。"

一会儿,娜艾把偷到的宝剑交给了打实。趁老鹰精熟睡时,打实搭起弓箭先把老鹰精的眼睛射瞎。紧接着,他一个箭步跑上前,飞起宝剑砍下了老鹰精的头,斩碎了老鹰精的身子。

娜艾得救了!正当农历三月初三这一天,打实和娜艾手携手回到了家。邻近村子的男女青年,听说打实杀了老鹰精,救回娜艾,纷纷赶来祝贺。他们把打实和娜艾团团围住，尽情地唱歌跳舞。从此，每年农历三月初三，便成了青年男女聚会的日子了。

（摘自《五指山民间故事荟萃》，讲述者：王知会）

苗族"三月三"节的传说

相传远古时候，天下闹水灾，下了七天七夜大暴雨，洪水淹没了大地。洪水退后人间只存下伏仪和李妹仁男女两人，他们走遍了天涯海角也找不到其他的人。日复日来年复年，伏仪和李妹仁无法婚配。

后来，伏仪和李妹仁拜请天地证婚。伏仪和李妹仁把山龟砍成十三块，第二天山龟复活了，龟背上形成了今天的裂痕；伏仪和李妹仁又把山竹砍断，第二天山竹一节一节地接生了，形成今天竹子的节；伏仪李妹仁又把树全砍倒用火烧，火焰散发出香气，春风把缭绕的火焰吹遍了大地，大地鲜花盛开，山鸟齐鸣唱，水里的鱼虾都欢跳，万物都为伏仪和李妹仁婚配证婚。于是，伏仪和李妹仁在大常树和大榕树下举行对歌叙忠诚。从二月二十七日起对歌，歌声通宵达旦不停断。对歌到了第七天，正是三月初三，俩人才把歌子对上。三月初三的早晨，伏仪和李妹仁在大常树和大榕树中间举行婚礼，伏仪用树木架起结婚房子，李妹仁煮了红、黄、蓝、黑、白五色米饭作为结婚礼品，请来山龟、山鸡、山牛做宾客，八哥鸟主持了婚礼，以折断十双筷子为婚誓，结成夫妻。

伏仪和李妹仁结婚后，男耕女织，生男育女传后代，生息繁衍，成为今天的苗民。

苗族后代为了纪念伏仪和李妹仁的婚配，把三月初三定为本民族先祖结婚的日子。苗寨禁止在三月间结婚，以表示对祖先的崇拜。每年"三月三"，苗族家家户户都要杀鸡和煮"五色"（后为"三色"）米饭，祭祀先祖，祈求平安。

（摘自《五指山民间故事荟萃》，讲述者：李朝天）

太平山

早年间，五指山麓的一个黎寨里，有一对天生的情人。姑娘长得美丽动人，且能歌善舞，聪明伶俐。小伙子长得虎头虎脑，机智勇敢，是附近黎寨首屈一指的好猎手。他们俩从小青梅竹马，早就立下了山盟海誓。但附近有一个"恶人鬼"，是个色狼。听说姑娘长得美，他就企图霸占为妾。姑娘和小伙子为逃避"恶人鬼"，躲进了深山。但"恶人鬼"并不死心，带领鬼兵进山搜索。一个深夜，姑娘和小伙子在太平山谷一个石洞里熟睡后，"恶人鬼"把两人抓走了，并把小伙子推下悬崖。

姑娘被抓回去后，被关在一间船形屋里。她偷偷挖了个墙洞，终于逃了出来。姑娘跌跌撞撞地逃到悬崖边，忧伤地唱道：

天鬼地鬼恶人鬼，

鬼逼咱俩难成亲。

生也同生死同死，

死去黄泉同路行。

姑娘唱罢正要纵身跳下山崖。突然，从山峰顶上传来熟悉的歌声：

阿哥生来不怕鬼，

山神助咱结成亲。

恶鬼已被哥杀死，

人间从此得太平。

姑娘简直不敢相信自己的耳朵，转过头来，果真是自己的心上人。他正一手握着一把宝剑，一手提着一个血淋淋的头颅，威风凛凛地站在峰顶上。

原来，小伙子被推下山崖的一刹那，恰好被山神发现，山神立即抛出镇山宝剑。小伙子的尖刀已被"恶人鬼"夺走，刀鞘空着。宝剑不偏不倚，竟飞插入小伙子的刀鞘，发出一片金光。在金光的罩护下，小伙子跌下山崖，竟毫发未伤。小伙子当即带着宝剑，连夜赶去与"恶人鬼"厮杀。终于，小伙子砍下了"恶人鬼"的头颅，然后赶来拜谢山神。

这对真心相爱的人，历尽磨难，终于结成夫妻，生男育女，恩恩爱爱过了一辈子的太平日子。后人为纪念他们，便把这座山称为太平山。

（摘自《黎族民间故事大集》，讲述者：陈凤）

🟢 白发瀑布的传说

海南太平山，山腰上有一条飞流而下长长的瀑布。远远看去，像位少女躺在悬崖上，把她又长又白的头发垂下山来。当地的黎族人把这瀑布叫作白发瀑布，这里流传着一个白发姑娘的故事。

很久以前，太平山附近没有水，这里的黎民饮水灌溉田地都要靠天下雨。倘若天不下雨，地干三尺，乡亲们就得到七里外的小溪里去挑水。

黎寨里有位姑娘，她的头发柔顺而黑亮，由头顶拖到脚后跟，走起路来一摇一摆非常漂亮，大家都叫她长发姑娘。长发姑娘是一个孤儿，小时候全靠村民轮流抚养才活了下来。现在，她已经长成一位亭亭玉立的大姑娘，自立谋生。她从心里感激乡亲们，暗暗下决心，一定要报答村民的养育之恩。

长发姑娘靠养猪和摘野菜来维持生活，每天到远处的小溪里挑水，又要去摘野菜和猪菜，从早忙到晚。有一天，长发姑娘背起竹篓到太平山上摘野菜。她爬上山腰，忽然看见两面大石壁夹缝中长着一大束绿油油的野菜。她双手用力一拔，野菜被连根拔出，石壁缝处出现了一个拳头大的洞眼，从洞眼里流出一股清清的泉水来。这时她口很渴，于是用嘴凑近洞眼，美美地喝了几口泉水。清甜的泉水，像椰子汁一样甘甜。

长发姑娘的嘴刚离开泉眼，就只听"唰"的一声，野菜从她手里飞了出去，再"噗"的一声，又长在石壁洞眼上。泉水流不出来了。长发姑娘感到十分惊奇。

忽然，天空乌云密布，一阵大风刮来，劳累了一天的长发姑娘昏昏沉沉地睡着了。她梦见一个水淋淋、满身绿毛的人站在她身边，对她凶恶地说："我是水神，我这个山泉的秘密被你发现了，但这个秘密绝对不能告诉别人。否则，我就杀死你，你记着！"然后他丢下一把锋利的尖刀，气冲冲地离去。又一阵大风刮来，长发姑娘猛然苏醒过来。她看见身边有把带血的尖刀，想起刚才的梦，猛地打了个冷战，惊慌失措地跑回家去。

旱情一天天地严重，田地干巴巴的。寨子里的男女老少，每天到七里外的小河里去挑水，汗流满面，气喘吁吁。她想告诉村民：在太平山山腰上有泉水。可一想到凶恶的水神和那带有血迹的尖刀,她的话又咽进肚子。她痛苦极了,吃不下饭,睡不着觉,像个呆子。她的眼睛不再水汪汪,她的脸蛋不再红绯绯,她的长发不再黑亮亮。

时间一天一天地过去,长发姑娘的头发由黑亮亮变成雪白白的。她没有精神梳理,头发凌乱地散在身上。有一天,寨主关切地拉着她日渐消瘦的手说:"孩子,你有什么病或有什么心事吗?我可以为你做主呀!"长发姑娘抬起无神的双眸,望了望寨主,想说出秘密,又痛苦地低下头。村民们感到很奇怪,年纪轻轻的姑娘,怎么满头雪白的头发?大家都在偷偷议论着,背地里叫她白发姑娘。

从那以后,白发姑娘整天呆呆地靠在门口,望着来来往往挑水的人。有一天,她看见一个满头银发的老人由七里外的小溪里挑回一担水,颤颤巍巍地在路上走,走走歇歇。一不留心老人滑倒在地,水洒光了,水桶坏了,老人的腿被撞破,鲜血一直淌着。她跑过去扶起老人,从身上撕下一块布,替老人绑住伤口,她望着老人脸上的皱纹,仿佛听到一个声音:"长发姑娘,你忘了报答村民的誓言了吗?你忘了村民是你的再生父母了吗?因为你怕死,田地里的庄稼才枯黄了!全村的人汗流满面、气喘吁吁!因为你怕死,老奶奶才跌伤了腿!"她再也忍不住,忽然大声对来往挑水的人说:"乡亲们,太平山山腰上有泉水。只要挖出野菜,堆起干柴枯枝,燃烧起一小堆烈火,把野菜投入熊熊的火焰中将它化成一堆灰烬。然后凿大洞眼,泉水就哗哗流下山来了。"村民怀着半信半疑的心情,跟着白发姑娘来到太平山山腰,并按她说的去做。把石洞眼凿得水缸那么大,泉水哗啦啦地向山下流,村民们兴奋得哈哈大笑起来。就在这时,一阵大风刮来,白发姑娘不见了。大家望着泉水欢笑,没有注意到白发姑娘的去向。其实,白发姑娘是被水神抓到水帘洞里去了。这时水神正凶恶地大声指责她:"你违反了我的警告,现在我要杀死你!"白发姑娘平静地说:"我请求你让我回村寨一趟,我要与寨主告别。"水神想了想,说:"可以。但是,如果你不回来,我就打开泉口,淹死全村的人!"白发姑娘点点头。一阵大风把她刮到村口,她望着山上泉水哗哗地流下山来,田地里水汪汪,庄稼绿油油,她含着泪笑了。她到了寨主家,伤心地对寨主说:"寨主,明天我要出远门一趟,不知何时才会回来,特来向你告别一声。"寨主奇怪地说:"孩子,你发现了泉水,造福黎寨，大家正想庆贺和感谢你呢，你怎么要走呀！"白发姑娘说："这是我应该做的。"不等寨主回话，她甩着长长的白发朝太平山走去。

一阵大风刮来，白发姑娘被吹倒在悬崖上，冰冷的泉水冲在她身上，顺着她长长的白发流下山来。这时，白发姑娘感到身上像有万把尖刀在刺她，她痛苦地紧锁眉头闭上了双眼。白发姑娘一直躺在悬崖上，被冰冷的泉水常年冲刷。最后白发姑娘变成了一块石头，凝固在瀑布之中。她把自己的青春和幸福，寄托在清甜的泉水里。

太平山的村民，为了纪念白发姑娘的功德，将这条瀑布称为"白发瀑布"。

（摘自《黎族民间故事大集》，讲述者：李南）

冯公征黎的传说

远古时代，海南岛有位冯公。冯公幼年上学，途经一条小河，每天都有一位老太婆等他到来，将他背过河。冯公觉得很奇怪，有一次便问"老奶奶你是什么人？为什么天天背我过河？"老太婆说："我叫黎婆，人称我黎神婆。日后你要做大将军，不管打到哪里，请记住，留一掌之地给我子孙后代繁衍生息。"说完，黎神婆就不见了。

后来，冯公果然当了大将军，受朝廷派遣，率兵回琼征黎。冯公兵部从琼州北部平原向南部山区挺进，一直把黎人追到琼州中部大山脚下，大山挡住了去路。这时冯公抬头望见大山，状似"五指"。突然想起幼年时黎神婆说的"一掌之地"，不就是这"五指山"吗？于是，立即退兵。从此，黎族就在五指山南麓相安无事。

（摘自《五指山民间故事荟萃》，讲述者：王一生）

第九节　黎族歌舞，原始的民间艺术

黎族音乐内容丰富，曲调多样，主要包括两种：一种是以海南方言为唱词，套黎族民歌的韵律唱腔，称为"汉词黎调"；另一种以黎族语言为唱词，称为

"黎谣正调"。各方言黎族都有各自独特的乐曲，杞方言有"咪亲调""罗呢调""水满调"。

黎族善舞，逢节庆、喜事、收获或举行宗教仪式、丧葬活动等，都要跳舞。黎族舞蹈内容丰富，形式多样，节奏强烈有力，动作古朴粗犷。内容上有丧葬舞、宗教舞和自娱舞三大类。形式上有独舞和群舞两种。其中，自娱舞起源于黎族的生产劳作，数量不多，以舂米舞最具代表性；打柴舞在黎族地区很流行，是至今最受欢迎的黎族舞蹈之一。

▲ 对歌（李树林 摄）

黎族打柴舞

打柴舞是黎族民间具有代表性的舞种之一，黎语称"转刹""太刹"。起源于古崖州地区（今海南省三亚市）黎族的丧葬习俗。打柴舞有一套完整的舞具和跳法，舞具由两条垫木和数对小木组成。跳舞时将两条垫木相对隔开两米左右平行摆放于地面上，垫木上架数对小木棍。木棍两端分别由数人执握，两两相对，上下、左右、分合、交叉拍击，发出强烈有力的节奏。舞者跳入木棍中，来往跳跃、蹲伏，模仿人类劳动状况和各种动物的动作及声音。

打柴舞由平步、磨刀步、搓绳小步、小青蛙步、大青蛙步、狗追鹿步、筛米步、猴子偷谷步、乌鸦步九个相对独立的舞步组成，舞蹈节奏强烈有力，动作古朴粗犷，生动形象，艺术感染力强。

远古时期，由于黎族先民生产力低下和对自然的崇拜，认为死后灵魂能够升天，信仰灵魂不灭，因此并不以人的死而过分悲伤和痛苦，相反为其舞之，一安亡灵，二慰生者，三请求死去的祖先保佑子孙平安。

打柴舞最初就是黎族先人用以祭祀的跳丧舞，用来保护尸体、驱赶野兽，压惊祭祖，起源于古崖州，是黎族古老、传之久远的舞种，受到黎族人民的普遍喜爱，是黎族人民劳动智慧和历史记忆的体现。

1957年，打柴舞被海南舞蹈工作者进行了改编，并到北京参加少数民族文艺会演，受到了赞誉，被称为"五指山艺术之花"，后来又到罗马尼亚、南斯拉夫、巴基斯坦、日本等国家演出，又被誉为"世界罕见的健美操"。

从此，打柴舞被搬上了舞台。经过舞台艺术加工后的打柴舞，舞具用青翠的竹竿代替了红色的红铃木柴，名称也由"打柴舞"改称为"竹竿舞""跳竹竿"等，同时，"女打柴男跳柴"的习规变成了"男女混合打柴跳柴"的形式。

20世纪80年代，朱庆元先生对打柴舞进行了编排，打柴舞的跳法得到了极大的发展，形成"穿人墙""情人上路""扑火海""闯刀山""跳龙门"等多种跳法。之后经过民间打柴舞爱好者的不断编排和加工，创造了各种跳法，当代打柴舞的跳法得到了极大的丰富。

2006年5月20日，黎族打柴舞经国务院批准列入第一批国家级非物质文化遗产名录。

▲ 黎族打柴舞（张江英 摄）

黎族舂米舞

舂米舞，黎语称"太沓"，"太"是击或舂的意思，而"沓"就是臼，合即"舂臼"。舂米舞是黎族合亩制地区妇女在舂米时助乐的舞蹈活动，多出现在节庆、丰收、婚嫁、添丁等场合，是黎族妇女在长期的劳动生活中演变形成的，具有独特的艺术风格。2005年，黎族舂米舞入选第一批海南省级非物质文化遗产名录。

▲ 黎族舂米舞（李树林 摄）

从前，喜庆之日来贺喜的宾朋众多，黎族妇女需要日夜轮流舂米，才能解决客人的吃饭问题。为了消除疲劳，妇女们便有节奏的轮流击舂，以达到劳动中调节情绪、减轻疲劳的目的，由此慢慢地演变成了节奏感很强的民间舞蹈。

传统的舂米舞，舞者以二人或四人、六人为伍，用舂杵交替击打臼桶的不同部位，使之发出悦耳的声响。舂米舞一共有下舂上提、敲内边沿、左右舂上桶边、左右敲打桶外、左右对敲桶外、转圈敲打六组动作。舞者模仿舂米的动作，以双臂上下挥动、双腿和上身节奏的扭动和摇摆，舞步轻盈流畅，舞姿优美大方。

舂米舞将舂米的简单动作加以艺术化，展现了黎族妇女热爱生活、热爱劳动的精神风貌，也充分体现了黎族人民的聪明才智与艺术才能。

黎族共同舞

黎族共同舞又叫团结舞、跳锣舞，是海南省五指山市合亩制地区民间传统舞蹈。黎族共同舞形成于早期原始社会，每当村里有人迁入新宅时，全村不管男女老幼都会共同起舞，祈求人畜平安，人丁兴旺，五谷丰登，久而久之，便形成跳共同舞的习俗并一直沿袭至今。

黎族共同舞是保留和传承五指山合亩制地区原生态文化的传统舞种之一。2007年，黎族共同舞入选海南省级非物质文化遗产保护名录，黎族合亩制也于2016年入选五指山市市级非物质文化遗产名录。

黎族共同舞的伴奏乐器由鼓和锣组成，一人打鼓，一人敲锣，通过不同节奏的配合敲击，奏出简单的旋律。众人按照男女分为两组，随着鼓点和锣声，从锣鼓的两侧缓缓走来，逐渐形成似半圆的队形，伴随着锣鼓的节奏翩翩起舞，而后，在越发激烈的锣鼓声中，男子与女子加快了脚步，改变队形队列，最终形成圆形。

黎族共同舞的舞蹈动作粗犷豪迈、简单易懂，有显著的民族特点和浓厚的生活气息，是黎族人民集体智慧的结晶，具有悠久的历史和深厚的文化内涵，对研究黎族社会历史的发展和黎族民间传统舞蹈艺术具有重要意义。

▲ 黎族共同舞（五指山市旅游和文化广电体育局　提供）

❋ 黎族现代情歌：《久久不见久久见》

《久久不见久久见》是一首用海南方言演唱的歌曲，由海南本土音乐泰斗谢文经先生在五指山水满乡采风时产生灵感创作、改编的黎族新民歌。

《久久不见久久见》
久久不见久久见
久久相见才有味　阿妹哎
好久不见真想见　阿妹哎
见到阿妹心欢喜　阿妹哎
久久不见久久见
久久相见才有味　阿哥哎
好久不见真想见　阿哥哎
见到阿哥心欢喜　阿哥哎
久久不见久久见（久久不见）
久久相见才有味　阿哥（妹）哎
好久不见真想见　阿哥（妹）哎
见到阿哥（妹）心欢喜　阿哥（妹）哎
久久不见久久见（久久见）
久久相见才有味　阿哥（妹）哎
好久不见真想见　阿哥（妹）哎
见到阿哥（妹）心欢喜　阿哥（妹）哎
见到阿哥（妹）心欢喜　阿哥（妹）哎
阿哥（妹）哎

《久久不见久久见》经海南当地歌手陈忠、黄婷丹、吴晓芸、梁玮琪及歌唱家王丽达、汤子星、顾莉雅等以不同形式的表演传唱，由海南飞向全国。近几年，这首作品除了以歌曲的形式呈现外，还因音乐主题婉转优美、民风浓郁而被海南的音乐家、舞蹈家发展升华，大量使用于舞台艺术作品中。

时间见证，经典永流传。海南各地每逢节庆或晚会，《久久不见久久见》是必唱曲目，成为介绍海南音乐文化的窗口之一。

五指山茶歌

歌曲由黎族青年歌手阿侬子黎创作。歌曲旋律采用五指山当地黎族民间歌谣旋律元素来创作，整首歌曲曲调欢快，热情奔放，琅琅上口，字里行间诠释了一贯以来黎族同胞热情好客的待客之道，以茶为媒，欢迎五湖四海的朋友们来海南五指山做客。

《五指山茶歌》

五指山脚下
小河水流淌
漫山遍野青绿的茶
山谷云雾有黎家
此刻春来早
阿妈采茶忙
水满茶香漫山岗
朋友欢迎您到来
奔奔奔嗞五指山
德曼黎乡坐下来
喝了这杯水满茶
我们情谊地久天长
奔奔奔嗞五指山
毛纳黎家坐下来
喝杯阿妈斟的茶
我们亲如一家！

❈ 原野之声：探索黎族文化的音乐之旅

竹木器乐是黎族的传统乐器，主要流传于海南省中部五指山南麓的黎族聚居区。常见的竹木器乐有独木鼓、叮咚木、鼻箫、口弓、唎咧、哔、筒勺、灼吧八大件，这些乐器取材于大自然中的竹木、畜兽皮，经过手工制作而成，是原生态音乐的遗存。2008年，黎族竹木器乐入选第二批国家级非物质文化遗产名录。

黎族竹木器乐是黎族最富有民族特色的器乐，是黎族文化艺术的重要组成部分，也是我国民族器乐宝库中的瑰宝，蕴含着黎族发展历史、生产生活、人情风俗等方面的丰富信息，具有多学科的研究价值。

◆ 唎咧

唎咧是黎族人最喜爱的一种竹管乐器。其音色透亮，婉转悦耳，清脆甜美。以前黎族人在开荒种地、上山打猎或者守山兰地时，休息之余便会吹起心爱的唎咧，给单调寂寞的劳动生活增添欢乐的气氛，消除疲劳。

▲ 唎咧（黄志龙 摄）

◆ 鼻箫

鼻箫是黎族极具特色的气鸣乐器，吹奏时完全依靠鼻孔的气息来控制音调，音域可达三个八度左右。其音色清幽低沉、悦耳甜美，是黎族青年表达爱情常用的乐器。清代张庆长曾在《黎岐纪闻》中记述："男女未婚者，每于春夏之交齐集旷野间，男弹嘴琴，女

▲ 传统鼻箫表演（黄志龙 摄）　　　　▲ 改良鼻箫表演（黄志龙 摄）

弄鼻箫，交唱黎歌，有情投意合者，男女各渐凑一处，即订偶配，其不合者，不敢强也。"

◆ 独木鼓

独木鼓是黎族最早出现的乐器。相传，在远古时期有树木被雷电击中，起火燃烧，树干被烧成洞，黎族祖先敲击木洞呼众围猎，后来人们用牛皮或者鹿皮封住洞口制成打击乐器，用于娱乐、传信、祭祀等。

▲ 独木鼓表演（黄志龙 摄）

◆ 哗

哗是黎族自制的气鸣管乐器，广泛流传于黎族各个方言区。黎语"哗"即"唢呐"的意思，哗由簧哨、托嘴、管身、喇叭四部分组成，管身有竹制和木制两种，其发音粗放嘹亮，但比唢呐柔和，是黎族在嫁娶、年节、丰收等喜庆热闹的场合吹奏的乐器。哗的表现力很强，能表现出喜、怒、哀、乐等各种感情。

▲ 哗表演（黄志龙 摄）

◆ 灼吧

灼吧是黎族传统的竹制哨类单管气鸣乐器，流行于黎语杞方言区。灼吧的顶端插一根长约20厘米的细竹嘴管，外形像西洋乐器巴松管，低音区音色深沉，音量比较小；中音区的音色宽厚、圆润、优美。

▲ 灼吧表演（黄志龙 摄）

第二章 黎苗文化精神家园

寻旅五指山

◆ 叮咚

叮咚是棒类直接打奏体鸣乐器，相传，在农作物即将成熟时，为了使鸟兽不破坏庄稼，黎族先民们在田边搭起茅草屋，架起木棒用力敲击，驱赶鸟兽，久而久之，便形成了黎族人喜欢的"打叮咚"，其声嘹亮粗犷、悦耳动听，有时凭借山谷的回音，十分响亮，令人心旷神怡。

▲ 叮咚表演（黄志龙 摄）

◆ 口弓

口弓，黎语叫"改"，汉语叫"口弦"，起源于古代的"簧"。在古代曾与竽、笙等并为宫廷演奏乐器。据史籍记载，在公元前4世纪末，口弓就在我国西南一带的少数民族中流行。先秦至晋，口弓作为贵族使用的"高"乐器，为文人雅士所喜好。口弓可以独奏、齐奏、合奏，在人们的日常娱乐生活中具有重要的地位。

▲ 口弓表演（黄志龙 摄）

第十节　茶乡传说：聆听五指山的茶文化传奇

茶圣唐代陆羽称："野者上，园者次。"

五指山脚下的水满乡自古产野生茶，曾经一度为朝廷贡品。因野生茶树生长在深山中，很少能外销，仅被黎族先民所用，居住在五指山的黎族同胞沿袭采摘野生茶树叶，迄今尚未进行驯化栽培。海南五指山地区的黎族爱喝本地产的水满茶，认为它有预防感冒、提神醒脑、消积去腻、清热解毒、降压利尿等功效。有民间传说，唐天宝七年（748年）六月，鉴真师徒和日本僧人荣睿、普照及水手一行人第五次渡海时遇飓风，漂至振州宁远河口一带登岸。因水土不服，不少人出现腹泻呕吐、贫血疲乏的症状，这时幸有一名来自五指山的黎医采来水满乡的野生茶树叶，送给鉴真师徒一行煮水服用。几天后，师徒们体力恢复，精气神大振，不禁齐呼："真可谓水满神叶也。"

五指山风物——海南大叶种茶

生于热带雨林的甜美滋味。

茶树属山茶科植物，因自然或人工迁徙，它们长期生长于不同的环境，形成了不同的生态型。业界依据成熟叶片面积大小等，将茶树分为小叶种、中叶种、大叶种。

在五指山的热带雨林中，生长着一种树形高大的茶树，名曰海南大叶种。它们生长在热带雨林中，必须面对与其他物种的"生存竞赛"，努力争夺阳光、雨水，进化成树形高大、叶片硕大的树种。在雨林深处，有人曾见过高10米以上，树径一人环抱的野生海南大叶种古茶树。用它的叶片制作的红茶，汤色红艳明亮，味道醇厚鲜爽，入喉后有回甘。

古代，人们对茶树的种属缺乏系统认知，但他们很早就发现了海南山地野生茶（即海南大叶种）的价值，并明确记载了其分布区域。

清末宣统年间（1909—1911）编修、刊行的《定安县志》，对海南大叶种茶在该县的分布和特点,有较为具体的介绍,主要有四座产茶的山头。清代定安县的管辖区域很大,包括今天的五指山市水满乡。

第一座山头是"龟岭",位于今定安县南部的母瑞山一带,茶林在岭口的香林寺一带,极有可能是僧侣移植的。但方志对龟岭茶的品质和特点,未作介绍。再向南走,第二个山头是"南闾岭",也就是今天屯昌县南部的南吕岭,茶叶味道清香甘甜,因此被称为"甜茶",志书称之可与武夷山茶媲美,有养生祛病的功效。继续向南偏东,便是"思河岭",位于今天琼中黎族苗族自治县的白马岭,县志称这里的茶叶味道比"南闾岭"的还要香甜。从"思河岭"朝西南方向走,翻过五指山脉,便来到了"水满峒",这里就是如今的五指山市水满乡。修志者不吝对水满茶的溢美之词:"气味香美,冠诸黎山,久已有名……今不能多得矣。"

《定安县志》还提到,淳朴的水满黎族百姓曾给1816年上任的定安知县周祚熙送去水满茶,让他品尝。但到清末,不知何故水满茶已"不能多得"。可见,近百年之间,五指山水满一带的野生古茶树资源呈锐减之势。

▲ 野生大叶茶(陈继松 摄)

如果在今天的地图上标出这四座山头，就不难发现，从母瑞山到南吕岭，再到白马岭和五指山，它们不但连成一片，而且随着海拔上升，可见茶叶的味道越来越美。

到了清代末年，水满乡的优质茶叶已不可多得，纂修民国《海南岛志》的广西人陈铭枢就作了客观评价："本岛向无人工种茶，一般所饮之茶多仰给于外。本岛所产茶叶，皆采自野生茶树，而制法粗恶，色味不佳。其中最有名之茶，为五指山水满峒所产，树大盈抱，所制茶叶气味尚清。"

野性十足的海南大叶种茶。

尽管古人对海南大叶种茶树的分布状况和生长规律略有知晓，但缺乏科学的认知和分析，即便到了今天，人们对它的特性尚无全面系统的研究。不同于云南大叶种茶已被组培出很多品种，海南大叶种茶至今尚未被驯化，其"血统"或"基因"可谓野性十足。

1985年，经全国农作物品种审定委员会审（认）定的茶树良种共76个。其中，原产于五指山一带的海南大叶种茶，主要分布在海南茶区，被认定为国家品种，编号GS13016—1985。

由中国农业科学院茶叶研究所和海南省岭头茶场茶叶研究所联合组建的海南岛茶树种质资源考察组，于1988年至1989年进行了较为全面的海南茶树种质资源考察，发现野生茶树沿五指山、黎母山和雅加大岭三大山脉均有分布，其中五指山一带的野生茶树资源最为丰富。

中国国际茶文化研究会学术委员、海南省茶叶学会（协会）创始人陈德新在《海南茶事》一书中也指出，五指山市水满乡的野生茶树变异之多居全岛之最。按照达尔文提出的"某种植物变异最多的地方，就是这种植物起源的中心地带"这一观点，不难得出结论：五指山一带即为海南大叶种茶的起源中心与核心产区。

2009年年初，曾有记者就五指山市水满乡绿茶的品质，电话采访了时任杭州茶叶研究所研究员的韩宝瑜。"绿茶中一般含有几百种多酚类物质，其中以儿茶素、花青素等茶多酚成分为主，海南的水满茶属于大叶种茶，茶多酚的含量比小叶种的龙井茶要高，滋味更醇厚，所以给人明显的苦后回甘的口感。"韩宝瑜介绍，水满乡野生茶茶多酚含量高达38%～42%。

▲ 苗族姑娘采茶（水满乡政府 提供）

　　2009年4月，海南省水文地质专家、中国微量元素科学研究会委员、高级工程师李福来到水满乡，采集当地的野生茶叶和周边的土壤样本，送到省地质测试研究中心检测，结果显示茶叶中富含对人体有益的微量元素钴、钼。

　　2023年4月11日，作为第三届中国国际消费品博览会系列活动之一，中国红茶消费发展论坛暨五指山雨林红茶文化日在海口拉开帷幕。活动现场发布了《五指山大叶种茶基因测序结果报告》，并宣布海南大叶种茶是独立于全球其他地区大叶种茶和小叶种茶的类型，建议将海南大叶种茶确定为新茶种，这标志着作为海南重要农业精品的海南大叶种茶溯源取得重大科研成果。《五指山大叶种茶基因测序结果报告》指出，经代谢组学技术系统分析，发现了海南大叶种茶与其他茶的次生代谢产物存在显著差异，形成了海南大叶种茶的特殊风味品质的物质基础。海南大叶种茶是独立于全球其他地区大叶种茶和小叶种茶的类型，建议将海南大叶种茶确定为新茶种，命名为Camellia hainanensis Sheng，中文名为五指山茶。并通过建立产品溯源信息化平台，实现产品的质量和安全可追溯，促进生产、销售和监管的透明化和科学化。

华夏第一早春茶

每年初春，当全国其他地方还是白雪皑皑、草木凋敝的时候，在我国最南边的海南岛，五指山的大叶茶已经开始采摘，人们甚至可以一边观看春节联欢晚会，一边品尝今年的春茶。

高海拔，低纬度的地理环境让五指山市冬无严寒、夏无酷暑，良好的自然环境非常适合茶树的生长，五指山也因此成为我国最南端的产茶区。五指山早春茶比内地产茶区早上市3个月左右，春节前后便可喝到当年新茶，这是其他产茶区不具备的区域特征和生态优势，"华夏第一早春茶"由此而来。

五指山茶叶生长园区位于我国最南端的高山云雾茶叶产区，是中国离赤道最近的海岛高山雨林茶区，太阳南迁北移都可辐射到，故冬无霜冻。自南面而来的季风性海洋气候的热空气，与自北面而来的高山雨林气候冷空气，在此处交融相汇，云缭雾绕，故常有阵雨。充足的光照时间和雨水，使得五指山茶叶上市时间

▲ 外国游客品尝五指山早春茶（孟志军 摄）

第二章 黎苗文化精神家园

就比其他地区早1-3个月，是上市最早的茶叶之一。得天独厚的自然生态环境赋予了五指山茶叶天赋异禀的优良品质。

寒冬岁末，茶园里的茶树梢上便冒出了绿尖儿。此时也是最为忙碌的时节。趁着茶叶还处于嫩青时期，采茶人将其采摘收集。经过晒青、揉捻、发酵、炒青等，将那一口"琥珀汤，奶蜜香"完美呈现。春茶茶性性温，有暖身暖胃的作用，最适宜冬日浅酌慢饮。

历经一整年的休养，无论是营养的积淀还是养分供给，此时茶叶内含有的物质往往最为丰富。在气温相对较低的有利条件下，不仅促进了茶叶内营养物质的合成和积淀，还减少了病虫害的发生和农药的使用，很大程度上保证了早春茶的纯净。

黎族传统制茶技艺

在海南各个地区的黎族人民都有饮茶的习惯，黎族的饮茶习俗历史悠久，而黎族传统制茶技艺也是黎族茶文化的重要组成部分。2021年，黎族传统制茶技艺入选五指山市级非物质文化遗产代表性项目。

黎族传统制茶采用的海南原生大叶种茶主要分布于海南省五指山地区，制茶工艺主要包括采摘、分茶、晒茶、炒茶、筛茶、验茶等工序。

采摘：采茶人在每年春季、夏季、秋季选择少雨的时间段上山采茶，茶青取"两叶一尖"。

分茶：将茶嫩叶和老叶分开，嫩叶制作绿茶，老叶制作红茶。

晒茶：在完成分茶后将茶叶拿去晾晒，将茶叶均匀摊开，每片茶叶的间隙大概在1厘米左右，这样才有利于脱水，保持干湿平衡。

▲ 手工制茶（李天平　摄）

炒茶：将茶叶炒制2～3个小时进行干燥处理。

筛茶：重新按照茶叶颜色、香味进行筛选分类，色泽上佳、茶香浓郁的茶叶作为饮品将被保存，色泽不佳、茶气不香的茶叶将不作为饮品使用。

验茶：将若干茶叶置于手心，双手轻轻揉搓，茶叶伴随清脆的揉碎声呈粉末状，手掌和指间有茶香渐渐溢出，方为合格。

观茶汤、闻茶香、品茶味，在仰息之间体会黎族茶文化的精髓。

五指山红茶

《崖州志》记载："明土贡品主要有牙茶、叶茶，尤以水满为佳。"

好山好水出好茶。五指山多雨多雾，光、热、水资源丰富，土质微酸，土层深厚肥沃，发展茶叶生产的自然条件得天独厚，是中国最南端的高山云雾茶叶生产区。正因为如此独特的气候和地理条件，造就了水满茶的醇香，也使其成为海南五指山茶的代表，成就了五指山茶叶优良品质。天然纯净，营养丰富，口味香甜。

▲ 五指山红茶（五指山市旅文局　提供）

五指山红茶是以海南大叶种茶树细牙嫩叶制作而成，具有"琥珀汤、奶蜜香"的品质特点，获得国家农产品地理标志登记认证。

第十一节　黎语地名，忘不掉的乡愁

黎族是海南岛的世居民族，是五指山地区最早的少数民族。正德《琼台志》记载，有"地黎语，乃本土音"。黎族有自己的语言，但没有文字，黎语属于汉藏语系壮侗语族黎语支，分哈、杞、润、美孚、赛五个方言，五指山市黎族大多以杞方言为主。在长期的历史发展过程中，黎族人民创造了丰富多彩、独具特色的民族文化，是中华民族文化宝库中的一块瑰宝，是人类社会发展过程中的一块"活化石"。如各乡镇、村委会、自然村的地名，大多是依据黎语的读音用海南话直接翻译而来。从当前黎语地名来看，五指山市的黎语地名主要分为以下几个方面：

第一，地名多以"什""番""毛"为主。"什"黎语意为"田地"；"番"黎语意为"村寨"；"毛"黎语意为"同一血缘关系的族群"。如"通什""什会""什报""番茅""番阳""毛路""毛祥"等。

第二，地名多以黎语对山水坡田等地理地貌特征的称谓。如"牙"，黎语意为"在河流主干道旁边人工构建的，用以捕鱼的水道""小溪的岔口"等，如"牙畜""牙日"等；"南"黎语意为"水、河、小溪"，如"南丁""南巴"等；"空"黎语意为"山谷、峡谷"，如"空办""空茅"等。

第三，有些地名起到警示的作用。如番阳镇番阳村委会万板村，很久以前，该村在老村址时曾遭遇过一场特大火灾，火灾过后当地政府组织村民们搬迁至现在村址，为了警示这场火灾，取名为万板村。番阳镇加艾村委会保力村，日本侵略者的轰炸机投下一枚炸弹，由于某种原因未爆炸，导致村民围观触碰，爆炸后造成村民伤亡，村民们为警示后人，不要乱碰危险物品，故而命名为保力村。

第四，有些地名是对美好生活的纪念或向往。如军民村，由于军民村和部队相邻，部队和该村村民互爱互助，军民关系十分融洽，为纪念军民之间的深厚友谊，后该村更名为军民村。

水满乡

"水满"，"水"黎语意为"源头""上边"，"满"黎语意为"古老的家园"，"水满"黎语意为"源头上古老的家园"。水满乡位于五指山市东北部，东接琼中黎族苗族自治县上安乡、西连五指山市毛阳镇牙合村委会、南依五指山市南圣镇毛祥村委会、东北接琼中黎族苗族自治县红毛镇及什运乡、东南连保亭黎族苗族自治县八村乡水贤村。总面积108.04平方千米，2022年户籍人口4584人。

水满乡明清至民国初期称水满峒，隶属定安县管辖，后划归白沙县管辖，设水满乡。1935年，划归白沙县管辖，设水满乡。

1950年9月，水满乡隶属白沙县第二区管辖。1956年12月，水满乡隶属白沙县什运区管辖。1958年10月，白沙县撤销14个乡镇，建立政社合一的人民公社，将红毛乡、毛栈乡、水满乡3个乡合并，成立五指山人民公社。1958年12月，将白沙县五指山公社划归琼中县管辖。

1961年5月，五指山分社分成毛阳、什运、五指山、红毛4个公社。

1983年，五指山公社改称五指山区公所。

1986年6月划归通什市管辖，改称五指山乡。

2002年更名为水满乡。下辖水满、方龙、新村、毛脑、牙排村委会。2022年7月将毛脑村委会更名为毛纳村委会。

· 旅游打卡点 ·

毛纳村、海南热带雨林国家公园五指山片区、五指山水满河热带雨林风景区、指纹茶园、五指山黎峒文化旅游区等。

▲ 水满乡政府办公大楼（李帅鸿　摄）

村委会一览表

村委会	行政村	黎语意思
水满村委会	水满上	源头上古老的家园
	水满下	
	方响	黄姜村
	新民新村	新搬迁过去的居民
	新民旧村	
毛纳村委会	毛脑	很多公牛
	毛纳	物产丰富，硕果累累的地方
	方应	建立在坟墓旁边的村庄
	什牙瑞	鱼到了一定的季节集中在此地产卵
	永训	荆棘比较多
	什顺	种沉香树的田地
	什架开	用卖鸡的钱换田
方龙村委会	方龙	大村
	方也	长有许多茅草的村庄
	方好	地势较低的村庄
	什再	重新耕种的田地
	什甫	我们的田地
	冲门头	住在靠近深山可以经常得到猎物的地方
新村村委会	新村	新建村落
牙排村委会	牙排村	成行、成排
	什应村	在坟墓旁边建立的村庄
	毛苗村	神猫
	方满上村	老村
	方满下村	

畅好乡

"畅好"黎语意为"平缓宽广之地"。畅好乡地处五指山市西南部，东与五指山市冲山镇毗邻，南与保亭黎族苗族自治县交界，西与乐东黎族自治县接壤，北与五指山市毛道乡相连。总面积178.7平方千米，2022年户籍人口5672人。

民国36年（1947年），畅好地区归四里，隶属通什乡管辖。

▲ 畅好乡政府办公大楼（畅好乡政府 提供）

  1950年4月，畅好乡隶属保亭县第三区管辖。1953年6月，分出番廷乡。1955年11月，隶属保亭县通什区管辖。1956年12月，畅好乡、番廷乡合并为畅好乡。1958年3月，畅好乡、保国乡合并为畅好乡；9月，与毛道乡、国营畅好农场合并，成立红星人民公社；12月，隶属崖县管辖。1959年3月，并入通什镇红旗公社；11月，隶属保亭县管辖。1961年12月，从通什红旗公社分出，成立畅好人民公社，隶属保亭县管辖。1983年4月，畅好人民公社改称为畅好区公所，隶属保亭县管辖。1986年6月，畅好同南圣、红山、毛道又从保亭县划归通什市管辖。畅好区公所改称为畅好乡。1994年7月，保国管区成立保国乡，2002年畅好乡和保国乡合并为现在的畅好乡。下辖畅好、番通、什奋、番贺、什冲、保国、草办、毛招、什哈、番好村委会。

· 旅游打卡点 ·

  桫椤公路、油茶基地、番贺村等。

第二章　黎苗文化精神家园

村委会一览表

村委会	行政村	黎语意思
畅好村委会	畅好	平缓宽广之地
	什各	"什"为"田","各"为"放下"
	番松	藏东西的村庄
	什立	用石块或木桩立界的田地
	红也	山上的茅草
	志候	一口土锅
番通村委会	番通	中间村
	番赛	荔枝村
	番慢	旧村
	番道	在荒地上开垦种山兰稻的村庄
什奋村委会	什奋	田边的黑墨树
	什朵	有野山鸡的田地
	什春	有野槟榔的田地
番贺村委会	番贺	山坡上的村庄
	番廷	黄土地的村庄
	番那	新村
	什龙	大的田地
	什托	在山坡上的田
	志毛	一棵大叶葵
什冲村委会	什冲	既有田,又有村
	红办	山坡上的龙眼树
	康南	山谷里有芒果树
保国村委会	保国	牛头、牛脑
	保国新村	
	毛庆	牛头的下巴骨头(2022年6月整村搬迁到五指山市区)
草办村委会	草办	琵琶树下的村庄
	番育	洼地的村
	什炮	沙田
毛招村委会	毛阳	大族群聚集在一起
	毛招	"毛"为"一个族群","招"为"牛大腿内侧的骨头"
什哈村委会	什哈	"哈"为"一种树名"
	保农	得南蛇(蟒蛇)的村庄
	牙日	珍珠茅草丛的小溪
	太吴	打到一种像狐狸一样大小的动物
	什荣	田边有一棵红萝树
番好村委会	番好	木棉村

毛道乡

"毛道"黎语意为"有山兰园的地方"。毛道乡地处五指山市西南部，东与五指山市通什镇毗邻，南与五指山市畅好乡相连，西与乐东黎族自治县交界，北与五指山市番阳镇接壤。总面积103.93平方千米，2022年户籍人口为5620人。

毛道乡古时称毛道峒。中华人民共和国成立前，毛道地区以南圣河为界，划为毛卓、毛道两片，南片的毛卓隶属崖县管辖，北片的毛道包括毛枝、红运、雅袁等隶属白沙县管辖。

1950年，毛道乡隶属保亭县第三区管辖。1953年，划出成立毛道、毛枝、毛卓3个小乡，隶属保亭县三区。1956年，成立毛道、雅袁、毛枝、红运、毛卓5个高级农业合作社，同年12月，毛道乡、毛枝乡合并为毛道乡。1958年3月，毛道乡、毛卓乡并为毛道乡，乡政府驻地毛枝村。1958年9月，毛道乡、畅好乡11个社、国营畅好农场合并成立红星人民公社，同年12月，隶属崖县管辖。1959年3月，并入通什镇红旗公社，隶属保亭县管辖。

1961年5月，从通什镇红旗公社划出成立毛道公社。

1983年，毛道公社改名为保亭县毛道区公所。1986年6月，划归通什市管辖，1987年1月改为毛道乡。下辖毛枝村委会、毛道村委会、红运村委会、毛卓村委会。

▲ 毛道乡政府办公大楼（毛道乡政府 提供）

· 旅游打卡点 ·

毛道乡凤凰花、空洪遗址、合亩黎寨（毛道村委会）、山竹基地、百香果基地等。

村委会一览表

村委会	行政村	黎语意思
毛枝村委会	毛枝大村	河汊
	毛枝小村	
	牙冲	水路交叉处的山洞
	空中	以鸟叫声"kongzhong"而得名
	什头	低洼田
毛道村委会	什守	山鼠破坏的田地
	南门	穿山甲活动区域有泉水
	南冲	泉眼
	报万	最久最老的村落
	空共上	在长红藤多的山谷中居住的村落
	空共下	
	空茅	村边生长了一棵葵树
	空办	龙眼树村
红运村委会	空洪	刺桐树
	空程	山谷里长有很多野生黄姜
	空来	这一片山林或这一片山脉有很多黄猄
	空亲	多石头的山沟
	毛优	引水进来的村庄
	炮衣	有一棵茂密的厚皮树
毛卓村委会	红沟	在连绵的芒草坡上建立村落
	毛农	同一姓氏的人群聚居地
	猿文	在一种树木的旁边
毛卓村委会	成暖	在干旱的农田中建立村落
	保龙	大村
	保秀	在山脊处建立村庄
	番道	旧的田地
	什龙	大田
	什托	大榕树边的农田

110

通什镇

"通什"黎语意为"共同的田地"。通什镇位于五指山中南部,北邻毛阳镇、番阳镇和水满乡,西接毛道乡,南邻畅好乡,东邻南圣镇。总面积325平方千米,2022年户籍人口47306人。

通什镇古时称通什峒。清光绪十三年(1887),广西提督、名将冯子材到五指山区"抚黎",把通什峒区以南圣河(通什河)为界,河东北地区划归定安县管辖,河南地区划归崖县(今三亚市)管辖。民国24年(1935年)3月设立保亭县、白沙县、乐东县,通什峒南圣河东北地区隶属白沙县管辖,河南地区属保亭县管辖。同年成立通什乡,隶属白沙县第二区。民国36年(1947年),成立通什乡民主政府,1948年4月划归保亭县管辖。

▲ 通什镇政府办公大楼(通什镇政府 提供)

1950年,成立通什乡人民政府。1951年5月,保亭县行政区划调整,第三区驻在通什,管辖通什、毛道、南圣等7个乡。1953年6月,保亭县行政区划再调整,第三区管辖通什、毛道、南圣等14个乡,同年7月,海南黎族苗族自治区从乐东县抱由镇迁驻通什,通什成为自治区首府驻地。1955年10月,自治区改为自治州,通什成为自治州首府驻地,同年11月,保亭第三区改称通什区。1956年12月,经广东省海南黎族苗族自治州同意,通什乡、福建乡、福安乡3个小乡合并为通什镇。1958年3月,通什镇、福建乡、福安乡、福利乡、番赛乡合并为通什镇,同年9月,成立通什镇红旗公社。

1963年11月,保亭县通什镇红旗公社划归海南黎族苗族自治州直接管理。

1966年10月，通什镇更名为红旗镇。

1980年5月，恢复通什镇人民政府建置，同年10月，撤销红旗公社，保留红旗（通什）镇建置。1982年2月，红旗镇改为通什镇，由海南黎族苗族自治州直辖。1986年6月，经国务院批准设立通什市（县级），以原保亭县的畅好、红山、南圣、毛道区，琼中县的五指山、毛阳区，乐东县的番阳区和海南黎族苗族自治州直辖的通什镇为通什市的行政区域。

1987年1月，通什镇改称为冲山街道办事处。

1993年3月，冲山街道办事处改称为冲山镇。

2012年4月更名为通什镇。下辖番香、番茅、番赛、番慢、牙畜、牙日、福关、福利、福安、太平、什保、什会、南定、应示、红雅、报龙村委会和4个居委会。

2022年11月，撤销报龙村委会，设立龙庆新村委会。

· 旅游打卡点 ·

中共海南黎族苗族自治州委员会旧址、海南黎族苗族自治州人民政府老办公楼旧址、海南黎族苗族自治州人民政府新办公楼旧址、"州府故园"钟楼、海南省民族博物馆、南圣河（市区）、南国夏宫、翡翠公园、太平山、阿陀岭森林公园、阿陀岭"皇后赛道"、朱德亭、番赛村（海拔最高古村落）等。

村委会一览表

村委会	行政村	黎语意思
番香村委会	番香（五个村）	像五根手指那样团结在一起的村庄
番茅村委会	番茅	建在小山丘的村庄
	福建	祖先的名字
	番芭	生长许多杨桃树的村庄
	什分	深水田
	什好	木棉树边的田地
番赛村委会	番赛	荔枝村
	番介	有麻风树（黄肿树）的村庄
	空恋	在山谷里织筒裙

续表

村委会	行政村	黎语意思
番赛村委会	草仁	在悬崖或瀑布的下边
	大道	一片弃荒地
	草好	木棉树
番慢村委会	番慢	古老的村庄
	番那	新村
	什盆	深水田
	什里	开阔的田地
	什仟	田边的树木
	什边	在田的边上
牙畜村委会	牙畜	傍晚在小河里捕鱼
	番空	峡谷边的村庄
	什慢	古老的稻田
牙日村委会	牙日	珍珠茅草丛边的小溪
	番明	建在山坡上的村庄
	什邱	绿色的原野
	什天	稻田里有成群的鱼
福关村委会	福关	祖先的名字
	毛利	一条河流的名称
	红路	山上茂密的竹子
	毛冲	山下一块平坦的地方
	毛总贺	坐落在山岭下的村庄
福利村委会	福利	祖先的名字
	明形	山脊上的村庄
	番办	琵琶树的村庄
	什平	一片灰色的田地
	什应	靠近墓地的田
福安村委会	福安	祖先的名字
	番道	开垦过的荒地、荒坡边的村庄
	番中	坐落在几个村中间的村庄
	什乐	制作陶器的田地
	什阳	深水田
	什翁	未婚女子的田地
	什贺	建在山坡上的村庄
	昌冲	宽阔平坦的地方

续表

村委会	行政村	黎语意思
太平村委会	太平	打长臂猿的地方
	新平	长臂猿（2022年6月整村搬迁到五指山市区）
什保村委会	什保	猪泥浴的水田
	番文	合并的村庄
	空路	峡谷里的竹子
	空任	峡谷里的小叶榕树
	什利	新分开的田地
	什房	有鱼的田地
	什那	一个角落的新稻田
什会村委会	什会	烂田
	什干	一片贫瘠的田地
南定村委会	南定	黄色的河水
	南巴	小溪边的一种果树
	南天	小溪边长有猎户常种的草本植物
	空伦	峡谷里的麻竹
	白章	一片沼泽地
	送祖	一片长有野丁香花的地方
应示村委会	应示	埋葬外地人的地方
	什南定	黄色的水田
	什别	养过很多鸭子的水田
	丰好	榕树边的村庄
	番育	低洼的村庄
	报巴	杨桃树村
红雅村委会（"红雅"为"山上的茅草"）	什奋	沼泽地
	毛弄	槟榔村
	空办	峡谷里的琵琶树
	什册	跳打柴舞的地方
	什荣	一个角落的田地
	通庭	一同长黄色嫩草的地方
报龙村委会	报龙	大的村庄（2022年6月整村搬迁到五指山市区）
	格什	泥泞的地方（2022年6月整村搬迁到五指山市区）
	小明形	小峡谷里的野藤（2022年6月整村搬迁到五指山市区）
龙庆新村委会	龙庆新	大的牛头下巴骨头（由小明形村、格什村、报龙村、新平村、毛庆村组成）

南圣镇

"南圣"黎语意为"神山圣水流经的地方"。南圣镇位于五指山市东南部。东北部和南部与保亭黎族苗族自治县交界，北部与水满乡毗邻，西部和西北部与通什镇接壤。土地总面积148.39平方千米，2022年户籍人口10045人。

南圣原叫指（志）玛，隶属陵水县指（志）玛管辖。同甲峒（包括毛祥），隶属定安县管辖。民国24年（1935年）3月，两地划归保亭县，设置志玛乡。民国24年（1935年）5月，保亭县设立3个区、14个乡，南圣乡隶属第一区管辖。民国36年（1947年）7月，保亭县设有南圣等14个乡镇。民国37年（1948年）4月，保亭县民主政府成立，南圣地区设文化乡，隶属保亭县第三区管辖。

1950年6月，保亭县管辖4个区、32个乡，南圣乡隶属保亭县第三区管辖；8月，保亭县进行区划调整，撤销区级政权，实行县直接领导乡的行政建置，全县设文化乡（今通什市南圣镇）等13个大乡；12月，保亭县撤销13个大乡，恢复

▲ 南圣镇政府办公大楼（黄敏 摄）

区乡建置，全县设立5个区、56个乡，文化乡分出南圣乡、同甲乡，隶属第四区管辖。1951年5月，保亭县行政区划进行调整，南圣乡隶属第三区管辖。1953年6月，分出红沟乡。1955年11月，保亭县改数字命名为地名命区名称，保亭县第三区改为通什区，南圣乡、同甲乡、红沟乡隶属通什区管辖。1956年12月，南圣乡、红沟乡两个小乡合并为南圣乡。1958年3月，南圣乡、毛岸乡、同甲乡3个乡合并为南圣乡，乡政府驻地南圣村。1958年9月，南圣乡与通什镇、福安干部农场、福安示范场、国营通什茶场合并，成立通什镇红旗人民公社。12月隶属崖县管辖。1959年11月，隶属保亭县管辖。

　　1961年5月，划出成立南圣人民公社。1966年9月，划出南圣公社管辖的毛岸，成立毛岸公社。

　　1983年，南圣人民公社改为南圣区公所。1986年划归通什市。1987年1月改称南圣镇，辖南圣、红合、毛祥、什兰、牙南、同甲村委会。

· 旅游打卡点 ·

　　五指山红峡谷漂流、六艺王宫、多肉基地、苗魅咖啡馆、南圣荷花基地、牙南苗村、同甲村、永忠村、新民村等。

村委会一览表

村委会	行政村	黎语意思
南圣村委会	南圣	神山圣水流经的地方
	新村	迎新
	志保	锄头村
	什泉	水蛇田
	什伦	麻竹林边上的田地
红合村委会	红合	山岭上有很多红藤
	什贺	山上的田
	报南	舀水
毛祥村委会	毛祥	红色的野草
	什抄麦	芭蕉树下的田地
	新民	新搬迁过去的居民

续表

村委会	行政村	黎语意思
毛祥村委会	军民	1958年，为纪念军民之间的深厚友谊而命名
什兰村委会	什兰	被野猪破坏的田地
	毛运	古树
	吐南	蟒蛇蜕皮
	草头	一种灌溉工具
	牙南下村	堵河捕鱼
牙南村委会	牙南上村	
	新春	矗立的石头
	什拱	榕树
同甲村委会	同甲	用刀把敲打
	什龙	大田
	什眉	种甜薯的田地
	什报茂	山上禁忌的地方
	番道	曾经耕种过的地方
	永忠	为表达对党和人民军队的恩情而命名

毛阳镇

"毛阳"黎语意为"大族群聚集在一起"。毛阳镇位于五指山市北部，东与水满乡毗邻，西与番阳镇、白沙县黎族自治县交界，南靠通什镇，北与琼中黎族苗族自治县什运乡相连。总面积233.24平方千米，2022年户籍人口15053人。

民国24年（1935年）3月，白沙县成立。毛栈乡（今五指山市毛阳镇辖）、毛贵乡（今五指山市毛阳镇辖）隶属白沙县管辖。

1953年4月，白沙县第二区管辖毛杨、毛栈、毛贵、毛路（今隶属通什市毛阳镇管辖）、牙合乡、番赛乡（今通什市红山乡）等11个乡。1956年12月，毛栈乡、毛杨乡两个小乡合并为毛栈乡。毛贵乡、毛路乡两个小乡合并为毛贵乡。牙合乡、番赛乡划归保亭县管辖。1958年3月，毛栈乡、毛贵乡两个乡合并为毛栈乡；10月，毛栈乡、红毛乡、水满乡3个乡合并，成立五指山人民公社；12月，白沙县五指山公社划归琼中县。

▲ 毛阳镇政府办公大楼（黄敏　摄）

1961年5月，五指山公社分成毛阳公社、五指山公社、什运公社、红毛公社。1983年毛阳公社改称毛阳区公所，1986年6月，划归通什市。1987年1月，改称毛阳镇，辖毛阳、毛栈、毛路、毛兴、毛贵、什益、空联、牙胡、什稿、牙力、毛旦、毛辉、牙合村委会。

· 旅游打卡点 ·

牙胡梯田、初保村、五指山革命根据地纪念园、唐干村等。

村委会一览表

村委会	行政村	黎语意思
毛阳村委会	新村	原名"道亲"村，黎语意为"小山坡有石头"
	什豆	旱田
	道知	山上有很多树
	方上	坐落在中间的村庄
毛栈村委会	毛栈	熟悉的族群
	什购	最中间的田
	什寸老	舂米桶
	什发	走过路过比较舒心
	方满	旧村、老村
	什苗	吃不饱

续表

村委会	行政村	黎语意思
毛路村委会	毛路	兄弟众多
	牙开	算数、数数
毛兴村委会	毛兴	"兴"为"有威望的老人名字"
	新丰	新搬来的村庄
	南乐	水满了溢出来
	什顺	冒泡田
	什文贴	乌龟繁衍的田地
	坡尖	因坡尖岭命名
毛贵村委会	南拾	水刚好
	什空	山谷里的田地
	石绿	渔笼
	唐干	山上长有许多杂草
毛辉村委会	毛辉	"辉"为"用手挖开"
	什版	新开垦的一块田
	什龙	一大片田地
毛旦村委会（"毛旦"意为"毛丹树"）	什空	山谷中的田地
	什道精	一块田地
	方满	旧村、老村
牙合村委会	初保	地形像猪槽形状
	便文	山坡上有一种漂亮的树木
	什好	低处的田
	什冲黑	这里的土壤适合制作土锅
	方满	旧村、老村
牙胡村委会	牙胡	河流交汇处水流缓慢
	坎通	小山坡
	坎由	拉直绳子
	青介	挑选石头
	牙防	流水口
牙力村委会	牙力	水流湍急、川流不息的河道
什稿村委会	什稿	芒果田
	什灶	水田田坎蜿蜒曲折、连绵起伏
	什坡天	黄蜂窝
	什冲	制作土锅
	什牙立	该村村民跟随黎族领袖王国兴起义，后来便把该村命名为"打牙力"

续表

村委会	行政村	黎语意思
什益村委会	什益	榕树根须
	新村	新建之村
	石洪	石头
	方满	旧村、老村
空联村委会	空联	小竹子
	空合	红藤
	道茂	荒山上有禁忌的地方
	什派	寡妇的田地

番阳镇

"番阳"黎语意为"一片黄土地"。番阳镇位于五指山市西北部，东依毛阳镇，西与乐东县交界，南接毛道乡。北与白沙县毗邻。土地面积120.45平方千米，2022年户籍人口9800人。

民国24年（1935年）3月8日，广东省政府决定将崖县隶属的万阳（今番阳镇）划归乐安县（后改为乐东县），设立番阳乡。民国37年（1948年）至民国38年（1949年）成立番阳大乡，辖加艾乡、布伦乡。

1951年，万阳乡（今五指山市番阳镇）隶属乐东县第二区管辖。1953年7月4日，毛农乡、万阳乡、加艾乡（今五指山市番阳镇）隶属东县第二区管辖。1956年12月，毛农乡、万阳乡、加艾乡合并为万阳乡。1958年3月，万冲乡万阳乡合并为万冲乡，10月，万冲乡、三平乡24个高级社和万冲、头塘两个农场合并，成立上游人民公社，后改称三平人民公社。

▲ 番阳镇政府办公大楼（番阳镇政府 提供）

1962年2月，从三平公社划出成立番阳人民公社，辖9个大队，即番阳、加艾、布伦、孔首、毛组、万冲、山明、先锋、友谊大队。

1982年，从番阳公社划出山明、万冲、友谊、先锋4个大队，成立万冲公社。1983年5月改名番阳区公所；1986年6月划归通什市，1987年1月改称为番阳镇，辖番阳、孔首、毛组、加艾、布伦村委会。

· 旅游打卡点 ·

琼崖公学纪念亭、雪茄基地等。

村委会一览表

村委会	行政村	黎语意思
番阳村委会	开示	杀死日本人的地方
	坤步	山坡多
	洪吐	红土
	空识	一棵榕树
	仟打	酸荔枝树
	万板	新村
	万透	倒塌
	南打	以一条小溪名命名
布伦村委会	布伦一村	种植刺竹，保护村民
	布伦苗村	
	布伦五村	
	南益苗村	很多乌鸦经常喝水的地方
	什共村	共同开荒农田
	牙内	黄猄经常下山到村内
孔首村委会	孔首	一棵大叶榕树
	孔扎	一棵厚皮树
	牙浩	用树叶拦截，阻拦外人入村
	什茂	茂树
	抱除	祖先的名字
	抱隆	辈分大
毛组村委会	毛组	江河的上游
	毛农	石头上的苔藓

第二章 黎苗文化精神家园

121

续表

村委会	行政村	黎语意思
毛组村委会	毛域	好兄弟
	扶闹	会打闹的小公牛
	什南	水源充足的地方
加艾村委会	加艾	织鱼网的村庄
	牙曼	古老的、陈旧的
	什艾	旁边的农田
	保力	炸弹

第十二节　苗族风情

苗族是我国历史悠久的少数民族。四、五百年前，苗族的其中一支分支迁徙至琼岛落地生根，在海南五指山、保亭、三亚、白沙等地繁衍生息。海南苗族以盘皇为祖先，逢重大节日便以盘皇舞祭祀，祈求风调雨顺，子民安康。

▲ 苗族姑娘在采茶（孟志军　摄）

苗族"三月三"节

"三月三"节也是苗族重要的传统民族节日。时逢清明节,每户人家杀鸡买肉,备"元宝"香烛等,并用三种或五种树叶浸水,煮成三色(红、黑、黄)或五色饭(红、黑、白、黄、蓝),祭祀祖宗和家神,祈求平安,五谷丰登,全家幸福。并插三株或五株树枝(带青叶无根)在神案前。同样,人们带着上述祭品及三色饭或五色饭前往祖坟扫墓,清理坟墓周围的草木,并在坟顶上添加新土,再加压一些红白纸钱,还在坟顶上插一树叶。农历三月初三也是苗族的团圆日。相传,在古时候,苗族的祖先住在黄河流域,黄帝征三苗时,有5个兄弟分头朝着落日的方向逃难,约定到南方的武陵山相会。兄弟五人爬山涉水,历尽艰险,终于在三月初三那天先后到达约定地点相会。他们燃起篝火,从山上采来树叶制作五色饭,象征五兄弟重新团圆和新生。后来,兄弟五人又分别到各地去谋生,成为现今的马、陈、邓、蒋、李5个姓。苗族过"三月三"节是纪念五兄弟团圆,象征着苗族人民的团结。

海南黎族苗族自治州人民代表大会常务委员会和自治州人民政府,根据黎族人民的愿望,把黎族民间"三月三"节活动情况向广东省人民代表大会常务委员会和省人民政府请示,建议将黎族民间"三月三"节定为黎族法定节日。1984年,广东省人大和省人民政府批准同意"三月三"节为黎族传统节日。海南黎族苗族自治州人大也将"三月三"节定为苗族人民的节日。批准"三月三"节期间民族地区包括汉族在内的各民族群众放假两天,以各种形式庆祝这个美好的节日。

通什市是海南黎族、苗族"三月三"节庆祝活动的主会场,每逢"三月三"节,国内外宾客光临庆祝活动。"三月三"节,已成为宣传和弘扬民族传统文化的佳节。

1989年4月8—9日,通什市第一次举办庆祝"三月三"节活动。活动重点放在五指山乡的雅宾旅游区,市区活动由市文化馆和冲山街道办事处负责组织联欢活动。活动内容有黎族、苗族传统体育竞赛、各种文艺会演等,两万多名中外来宾和市民参加了活动。此后,通什市(现五指山市)每年都举办欢庆"三月三"

节活动。"三月三"节庆祝活动在继承传统的对歌、民间体育竞技、民族歌舞、婚俗表演基础上，融进了新的时代特色，集商贸、旅游、文化娱乐及节日欢庆为一体，充实了颇具民族特色的海南旅游观光、招商洽谈等经贸文化内容，内容越来越丰富多彩。

海南苗绣

海南苗族是海南岛世居民族之一，早期以农耕、种植业为主，在海南岛大山深处用古老的智慧与勤劳的双手，创造了海南苗族独特的历史文化。苗族刺绣蜡染技艺苗族独特文化花园里开得最为艳丽的一朵，充分体现了苗族妇女百年来非凡的创造才能和艺术造诣。

区别于我国广西、云南、贵州等地的苗族，海南本地的苗族在服饰文化上显得大有不同。海南传统苗族更偏爱用蜡染刺绣技艺制作而成的衣服作为日常服饰，配饰上几乎不用银饰装扮自己。

海南岛苗族妇女们以布为纸，以针代笔，以线为墨，创造了苗族独特的刺绣蜡染技艺；并以其精湛的工艺，独特的色彩运用，海南苗族传统刺绣蜡染技艺于2009年入选海南省第三批非物质文化遗产保护项目。

制作一整套苗族传统服饰，需要从最初的纺织，再经过刺绣、染色、蜡染、晾晒、缝制等工序，每一个步骤都蕴含着这个民族独特且智慧的生活美学。

刺：苗族传统刺绣品主要用于绑头绳、围巾、背带、腰带和绑腿带等，在刺绣时，右手持一支尖头竹木挑刺出纺线，左手则捏着刺出的白线，有规则地交错叠压，布料呈现出图案，这个过程我们称为"刺"。刺出的图案可以自由创意，大多呈现强烈的色彩对比，但普遍为各种颜色相互和谐统一。

绣：海南苗族妇女心灵手巧，刺绣技艺在海南岛早有盛名。刺绣制作技巧多样，有平绣、堆花、缠绣、贴花等10多种针法，在刺绣过程中，不用特意起样，凭借长久积累的经验就能在布上绣出各式各样的图案。这些图案作为海南苗族妇女传统服饰中必不可少的配饰与花边，很少单独使用，通常用于制作衣服的袖口、领口、裙边、面巾、头巾等。刺绣的颜色选择与搭配，苗族妇女经常大胆采

▲ 苗绣传承（付金城　摄）

用颜色鲜明、对比强烈的组合，呈现出五彩斑斓、色彩纷呈的几何视觉效果。在农闲时节和日常生活中，苗族妇女们一针一线地绣出了对生活的热爱，成就了苗族服饰上色泽鲜艳、光彩夺目的图案。

　　蜡：点蜡，是制作工艺中最为值得称道的一个环节。海南苗族妇女通过蜡染而成的布料一般作为妇女内衬短裙，图案独特美观，色调朴素大方。其中最常见的花纹图案为大青山纹，其图案皆取自大自然，如花、鸟、鱼、虫、河流、山川、树木等。制作蜡染裙的工艺较为复杂，首先取蜂蜡，用炭火加热融化蜂蜡，将蜂蜡点涂在布上形成花纹图案；蜡染而成的布料图案虽然只有青、白两色，但是恰到好处地运用了点、线、面的疏密关系，使得整个图案在变化多样的同时，又呈现出丰富的形色与层次，将蜡染艺术简洁、鲜明的特点发挥到极致。

　　染：海南苗族传统服饰的主色调为靛蓝色，不论男女穿戴的服饰都是用自己染制的蓝黑布料缝制而成。染布的主要原料有蓝靛草、石灰、火灰、烧酒等，将蓝靛草放在缸中浸泡一夜取出植物的汁液，加入一定比例的石灰，沉淀出染色所需要的靛蓝。染布时将靛蓝与配料按照一定的比例配好，将白棉布浸入染缸，经过反复浸染和晾晒，最后呈现出色泽素雅的蓝黑布料。染色后再用开水浸泡，融化布上的蜡点，捞出布料晾晒，整块布料便呈现出图案鲜明、青白相间、制作精美的大青山纹。苗族姑娘们在长期的耳濡目染与长辈们的指导实践中，慢慢成为熟练的染蜡能手，祖祖辈辈一直秉承着这一传统的蜡染工艺，亘古不变。

缝制：缝制是最后环节。苗族传统服饰精致且讲究，男女服饰的基础色均为靛蓝色调。苗族男子服装一般为靛蓝色上衣与裤子，相对比较简单。而苗族女子的服装则更为精美、复杂，一般由头帕、长衣、短裙、腰带、绑腿等组成。苗族女子上衣较长，及膝，右开襟，无领，着衣时在腰间扎一条绣花带，裙子较短，长不过膝，一般被长衣所盖。

苗族刺绣技艺较为复杂，工序繁多，缝制一整套苗族女子的服装，有时需要两三年才能制作完成。

苗族五色饭

苗族五色饭是海南苗族制作的一种极富民族特色的食物，一饭五色，软糯清香。在农历"三月三"民间节庆时，苗寨家家都会制作五色饭来迎宾、庆贺。2016年，苗族五色饭制作技艺入选五指山市市级非物质文化遗产名录。

▲ 苗族五色饭（盘玥 摄）

关于苗族五色饭的来源有两种说法。第一种是相传大约在500年前，邓、盘、李、赵、蒋五姓苗族先辈历尽千辛万苦，一起乘船渡海来到海南岛，为了寻找生计，他们在登岛不久后便决定各奔东西。在即将离别之际，他们约定，不管今后居住何方，每逢农历三月初三这天都要制作五色饭以示纪念。同时指定以五色饭的白、黑、蓝、黄、红五颜色，各自代表邓、盘、李、赵、蒋五姓，根据制作的颜色来彼此相认。另一种说法是每年三月初三制作五色饭是为了祭祀神农公。相传在远古时期，苗族有个祖先叫神农公，他历经千辛万苦，尝尽百草野果，终于在农历三月初三这天找到了几十粒野生谷物带回苗寨，苗族人为了纪念神农公的功德，每逢插秧和收获谷物时，都要煮一顿五色饭来祭祀神农公。

五色饭由糯米制作而成，"五色"代表的是白、黑、黄、红、蓝五种颜色。在制作过程中，因糯米原色为白色，因此只需染出黑、黄、红、蓝四色糯米即可。黑、黄、红、蓝四色分别取自枫叶、黄姜、红蓝草、碟豆花等植物汁液，选用优等糯米分色进行浸泡后再用木桶蒸制，蒸熟后的五色饭色彩鲜艳、软糯清香、风味独特。

海南苗族盘皇舞

盘皇舞是海南五指山地区苗族民间独特的传统舞蹈，源自远古的苗族民间祭祀活动，有着悠久的历史渊源和丰富的文化内涵，是海南苗族民间传统舞蹈中的经典民俗舞蹈。

2021年6月10日，国务院公布第五批国家级非物质文化遗产代表性项目名录和国家级非物质文化遗产代表性项目名录扩展项目名录，海南苗族盘皇舞名列其中。

"盘古开天地，自立在乾坤"。海南苗族以盘皇为祖先，每逢重大节日便以盘皇舞祭祀，祈求风调雨顺，子民安康。其中，盘皇舞又称三元舞，是苗族传统祭祀的舞蹈之一。

海南苗族盘皇舞至少需要8个人，其中，1人扮演"盘皇神"，1人扮演"逗者"，1人打鼓奏乐，其余5人为群舞。

海南苗族盘皇舞的舞蹈动作分为上元舞、中元舞、下元舞及倒罢舞四部分。

上元舞"逗者"使用的道具为"三元棍"，踏着苗鼓鼓点进行舞蹈，祈求"盘皇神"的出现。

▲ 海南苗族盘皇舞（李帅鸿 摄）

中元舞"逗者"使用的道具为"绣花白底布"，象征着渡海中用的船桨，表示渡海者如蛟龙出海，动作寓意渡海乘风破浪前进。

下元舞由"盘皇神"现身及"逗者"见"盘皇神"两部分组成。"盘皇神"现身部分，舞者头带"盘皇面具"代表"盘皇神"；"逗者"见"盘皇神"部分，主要为结"拾印"，反映众人寻宝、得宝、见"盘皇神"显灵的欢喜心情。

在祈福仪式结尾时跳倒罢舞。手持"三元棍"或者"龙头木杖"，恭送"盘皇神"，把"盘皇神"带来的宝物赐给家家户户，祈求来年平安。

盘皇舞没有音乐，只以锣、鼓击打伴奏。舞蹈古朴神秘，气氛肃穆庄重，极具原始神秘色彩。

在五指山，每逢重大节日或村里有户主祈求平安时，苗族人会跳起海南苗族盘皇舞，祭拜"盘皇"，祈求祖先保佑五谷丰登，安居乐业。

海南苗族招龙舞

招龙舞是海南苗族民间传统舞蹈，苗语叫"抖公"，在苗族舞蹈中具有独特地位。古时，苗族人民生产力低下，对自然灾害无力抵抗，他们只能把希望寄托于心中崇拜的"龙"，认为"龙"能够使天公降雨，当遇天旱之时，村民们便设坛祭祀，跳招龙舞来祈"龙"求雨，祈愿风调雨顺、四季平安。2005年，海南苗族招龙舞入选海南省级非物质文化遗产名录。

招龙舞分为上元舞、中元舞、下元舞以及招龙剑舞。基本动作为甩手叉腰和抬腿转圈。招龙舞以敲击铜锣、苗鼓发出的鼓点作为伴奏，每部分舞蹈的鼓点节奏都不同，舞者听鼓点节奏起舞。

在以前，每年的农历元宵、七月十五和八月十五，海南苗族同胞都会聚在一起跳招龙舞，随着漫长的历史发展，如今这种祭祀活动已逐渐发展成为一种民间娱乐活动。

▲ 苗族招龙舞（黄敏 摄）

招龙舞是苗族人民在特定的生活环境和生产劳动中，经过漫长的历史发展积淀而成，保留和传承了苗族远古文化的同时，又富有民间传统舞蹈特色，具有较高的艺术价值。

第十三节　山城盛宴：品味不一样的美食佳肴

黎族有一句谚语："食在家，菜在野。"过去，黎族先祖以山为家，山林里丰富的物产赋予他们更为宽广的想象力。他们往往就地取材，通过原始而传统的烹饪方式，做出最朴实的菜肴，传达大自然的气息。

五指山的饮食以天然生态著称，充满山野情趣。这里有放养在原始雨林间的五指山小黄牛，用嘴拱土觅食的五指山本地五脚猪，生活于河流湍急处的野生石鲮鱼，会在树上睡觉的蚂蚁鸡，数不清的各种野菜，均生长在海南的高海拔山区，取自天然，绿色无公害。

会上树的鸡：蚂蚁鸡

"会上树的鸡"是五指山特有的山鸡，善于飞跃，野性十足。因其体积小，最大不过两斤，所以又被称为蚂蚁鸡。蚂蚁鸡在农家自由散养，在山林中寻找蚂蚁、野虫和野菜为食。因生活环境绿色、天然，蚂蚁鸡拥有更优的肉质及更高的营养价值。

▲ 蚂蚁鸡（王有志　提供）

🏵 五只脚的猪：五脚猪

五脚猪不是真的长了五只脚的猪，因为它们像野猪一样，腿短嘴长，喜欢在野外到处用嘴拱土觅食，看起来就像长了五只脚，因此而得名。五脚猪是五指山地区未经改良的小种猪。黎族、苗族同胞在饲养过程中未加圈养，一日饲养二至三次后任其在外自由觅食和活动。

自由奔放的生活使得五脚猪肉质鲜嫩紧实，蒸煮煎炸抑或涮烤炒炖都别具风味，是当地黎族苗族同胞招待客人的必备美食菜肴，也是外地游客钟情的五指山美食。

▲ 五脚猪（李树林 摄）

🏵 不回家的牛：小黄牛

在五指山，走在路上可能会遇见悠悠散步的小黄牛。五指山本地居民把小黄牛放养在山上或者家附近的树林中，牛以青草、树叶为食，偶尔用盐巴辅助喂食，因为常年处于散养状态，当地人将小黄牛称为"不回家的牛"。

五指山的小黄牛体型较小，肉质结实、纤维细嫩、水分低、柔软爽脆，与鹿肉口感极其相似。常见的食用方法是干锅，经过秘料腌制的黄牛肉加上独特的制作方法，将油花慢慢焖出。出锅后的干锅小黄牛胶质丰富，汤汁浓稠，入口滑溜软糯，口齿留香。

▲ 小黄牛（李帅鸿 摄）

第二章 黎苗文化精神家园

寻旅五指山

🟢 会冲浪的鱼：石鲮鱼

五指山地区生长着一种鱼，个头小巧，最大的如人的中指，名为石鲮鱼。这种鱼生长在淡水中，以河中的水生虫为食，特别"不走寻常路"，一般鱼儿在水中都是顺水而游，但这小巧的鱼儿却偏偏喜欢逆流而上，与湍急的溪水嬉戏，因此被称为"会冲浪的鱼"。长期的逆流而行，使得石鲮鱼肉质嫩滑，香炸后既入味又香脆。

🟢 吃鱼虾长大的鸭子：水满鸭

"水满鸭"在品种上与其他地方的鸭子其实并无区别，只是它们一般被放养在溪流之上，平时多吃小鱼小虾和各种野生植物，使得鸭肉鲜美可口。烹调"水满鸭"有多种方法，通常是简单的白切，蘸上自己调制的酱料即可获得极佳口感。

▲ 水满鸭（李帅鸿 摄）

会漂流的小鱼虾：五指山小河鲜

五指山市水源众多、水系纵横、水质清澈，水生物较丰富，在这种环境下生长的河鱼，由于活动范围广，无污染，自由觅食，使得其肉质鲜美细腻，口感极佳。当地人时常在村边小河里随意捞回一些不知名的小鱼小虾，一同或煎炒，或炖汤，或油炸，味道鲜美可口。

▲ 五指山小河鲜（黄丽蔡 摄）

鱼非鱼，茶非茶：五指山鱼茶

海南黎族苗族特有的"鱼茶"，其味酸而微咸，甘香可口，诱人食欲。"鱼茶"虽然名为"茶"，实际上和我们平日里喝的红茶、绿茶等毫无关系，"鱼茶"其实只是从黎话转为海南话的发声。在海南白沙、保亭、乐东、琼中、五指山等地的黎族苗族同胞普遍都会自制"鱼茶"。"鱼茶"是黎族苗族招待客人的主要菜肴，也是黎族苗族人的风味食品。之所以说"鱼茶"奇味，主要是其味酸怪，初尝者，难入口，不适应。但真能接受这种味道了，就会二次适之，三次瘾之。"鱼茶"味酸甜而芳香，口感柔软且稍韧，食用后顿觉神清气爽，五脏通透，深受中外食客的欢迎。

"鱼茶"分为"干鱼茶"和"湿鱼茶"两种，分别是用干饭和稀饭腌制生的淡水鱼而成，用干饭腌制的叫"干鱼茶"，用稀饭腌制的叫"湿鱼茶"。

"鱼茶"的制作较为复杂，首先要选用新鲜鱼肉，不新鲜的肉腌不出口感鲜美的"鱼茶"。其次

▲ 五指山鱼茶（李树林 摄）

第二章 黎苗文化精神家园

"鱼茶"制作对卫生要求很高，腌制用的瓶子、坛子一定要洗干净，如沾有一点污渍、油腥，会对"鱼茶"品质产生影响。腌制"湿鱼茶"时，先把淡水活鱼（大小鱼均可，大鱼需剁成块）收拾干净，拌上盐，腌上一两个小时，然后挤干盐水，掺入凉米饭、酒曲搅匀，再装进干净的坛子里密封。"鱼茶"放置25天以上，便可食用，放得越久，其味越酸。制作"干鱼茶"则要把鱼晒干。"鱼茶"多为冷食，因为热过的鱼肉会烂，口感不好。

有些人不一定习惯"鱼茶"酸酸的味道，但作为一道地方特色美食，绝对值得一试。

丰富多样的野菜：五指山野菜

五指山生态环境优越，盛产革命菜、雷公笋、闭鞘菜、雷公根、马齿苋、黄鹌菜、车前草、野苋、麻竹笋、树仔菜、四棱豆、鹿舌菜、白花菜等一系列独具特色的生态美食。

革命菜又名叫野茼蒿，以其丰润水灵的外观，清香嫩滑的口感受到人们的喜爱。据说当年冯白驹将军统率的琼崖纵队曾经用这种野菜充饥，故名"革命菜"。它性平、味道甘辛，《本草纲目》记载：茼蒿"安心气，养脾胃，消痰饮，利肠"。含有蛋白质、粗纤维、胡萝卜素、维生素C等营养成分。每年春、夏、秋三季可摘其嫩茎叶、幼苗，炒食甜滑可口，味道极美，食谱有：凉拌野茼蒿，野茼蒿炒肉丝等。

雷公笋也称闭鞘姜，生长在溪沟旁、田坎上、山湾里、岭脚下。闭鞘姜为姜科多年生宿根直立草木，通常高1～2米，顶部常分枝。茎圆有节，稍带紫红色。叶互生，单叶，螺旋状排列，长圆形或披针形，基部抱背面密生灰色绢毛，叶鞘宽而封闭，故称"闭鞘姜"。闭鞘姜喜温暖，不耐寒，20度以下生长缓慢不耐强光，喜潮湿，散射光性良好。由于其嫩茎似笋，喜荫湿，风雨雷电交加天气长得更好，故海南人称之为"雷公笋"。闭鞘姜嫩茎营养价值高，茎中含蛋白质、脂、粗纤维、碳水化合物、多种维生素、各种矿物质、多种氨基酸及多种微量元素。食用方法为鲜食或将茎制成酸笋。除食用外，闭鞘姜还可供药用。其根状

① 五指山树仔菜（李树林 摄）　② 五指山雷公根汤（李树林 摄）
③ 五指山革命菜（李树林 摄）　④ 五指山四棱豆（李树林 摄）

茎药用内有利水肿，外洗疮疖，利水，消肿，拔毒。主治肾炎，浮肿，肝硬化腹水，小便不利，尿道刺痛，肾结石等。

雷公根又叫连钱草，马蹄草，是一种黎族同胞经常食用的野菜。它的茎很长，匍匐生长在地面、叶椭圆形，花为红褐色，有清热、解毒、利尿的功效。将它与河里的小鱼虾或肉骨同煮，是极为可口的佳肴。

马齿苋又名长寿，五行草，生长于田野、荒地，喜欢向阳地带。它的茎匍匐生长于地上，自基部长许多分枝，叶片像一个个精致的小汤匙，花为淡绿色或淡黄色。每年5月至9月份可采摘它的嫩茎叶，用开水烫后挤出水分，或凉拌，或炒食，滑爽可口，略带酸味，营养丰富。据《本草纲目》载，马齿苋"散热消肿、利肠滑

第二章　黎苗文化精神家园

135

胎、解毒通淋、治产后虚汗"。它对糖尿病和心血管疾病也有较明显的防治作用。

树仔菜是生长于五指山区的一种热带小灌木，以嫩梢为菜，故名"树仔菜"含有丰富的维生素和微量元素，因其属于天然生长的绿色植物，被人们誉为"天然香"，中国绿色食品研究中心认证为"绿色食品"。用盐、蒜、味精等调料炒食清脆可口。

来自自然食材的酸味：五指山酸汤鱼

五指山向来以生态旅游闻名，生态山水成就新鲜食材。黎族、苗族人的食酸嗜酸文化穿越千年，以茶叶喂养的"大茶鱼"制成的五指山酸汤鱼，酸中带甜、回甘而鲜。

五指山酸汤鱼的酸味并不是腌制而成的酸味，而是来自五指山特有的野菜——食叶草。五指山酸汤鱼是五指山特有的佳肴。一条重达两公斤的大茶鱼，是五指山酸汤鱼的主要原料。五指山人对美食的苛刻要求，是对食材的还原。小金桔、食叶草、百香果，是制作五指山酸汤鱼必不可少的辅料。制作一道色香味俱全的五指山酸汤鱼，刀功是必不可少的，3毫米的鱼肉厚度考验厨师的刀功技术。鸡蛋的绵密混合鱼肉的纤柔，让鱼片晶莹剔透、光泽鲜亮。剔除的鱼骨架，加以大火煎炒，加入清水熬制成一锅鲜美的鱼汤。将小金桔挤压成汁，激发鱼汤的酸香。加入百香果，使小金桔的酸甜

▲ 五指山酸汤鱼（五指山市机关事务服务中心 提供）

更加浓郁；加入南瓜泥，使鱼汤的口感更加丝滑。再放入富含蛋白质的食叶草、刺激辛辣的海南小米椒，让食叶草在加热后分解出一种自然的酸。最后在锅中倒入鱼片，激发所有食材的美味。

▲ 山兰稻（王华旭 摄）

❀ 一家煮山兰饭全村香：山兰米

"山兰米"是海南特有的品种，千百年来一直种植在海南中部的五指山、琼中、白沙、保亭、乐东地区。山兰米作为山区的特产，是种在山上的一种原生态糯米，其产量不高，煮熟后口感香甜，味香气浓，稀软微黏，香甜细腻，芳香四溢，一直被黎族、苗族人民视为珍品。

收获时节，五指山黎族人民举家进入深山里，用原始时代的镰刀收割"山兰谷"。当把"山兰谷"运回家后，借着海南独有的阳光，开始在自家院子里晾晒，一直晾晒半年时间，就拿出来用传统的打谷机将"山兰谷"打成"山兰米"。其间，没有经过任何人工抛光、打蜡、香油喷散等，属于真正的原生态健康大米。

山兰酒（biàng 酒）

山兰酒是一种米酒，几乎每个黎族、苗族家庭都会常年储备，用来招待客人。山兰酒初尝味道特别香醇，口感也很柔和，易使人产生贪杯的冲动，但需谨慎，山兰酒的后劲很足。

山兰酒根据存储的时间长短而有不同的味道，刚酿好的酒存放10天左右时是甜的，这时黎族人通常称其为"biàng"。这种"biàng"是大多数人特别喜爱的，甜而微辣，辣而不燥，若在容器中封闭久了，开坛时就会如同开香槟一般发出"biàng"的声响。时间久了，"biàng"的甜味慢慢消失，酒的香味渐浓，埋入地下一年后酒的颜色呈黄褐色，数载则显红色甚至黑色，此时就成了真正的山兰酒。

五彩船形粽

在海南五指山，苗族最传统的粽子是船形粽，相传是苗族同胞为了纪念500年前苗族先辈乘船渡海登岛的壮举，所以将粽子包成了船的形状，以此来教育后人要铭记先辈的艰辛，珍惜现在的美好生活。这种有着特别形状和含义的粽子一直流传至今。苗族同胞将海南苗族传统的船形粽和五色饭结合起来做成了五彩船形粽。

▲ 五指山五彩船形粽（盘玥 摄）

第十四节　黎族精神家园

黎族"三月三"节

"三月三"节是黎族人民最隆重的传统节日，是黎族民间祭奠祖先、庆贺新生、赞美生活和歌颂英雄的传统节日。因在每年农历三月初三欢庆，故称"三月三"。

黎族"三月三"的来历，有一个美丽的爱情传说：远古时代，曾经发生一场特大洪水，淹没了黎族居住的家乡，最后仅剩下一对青年男女，男的叫天妃，女的叫观音，他们紧紧地抱着葫芦瓢，随着洪水漂流到昌化江畔的燕窝岭，侥幸

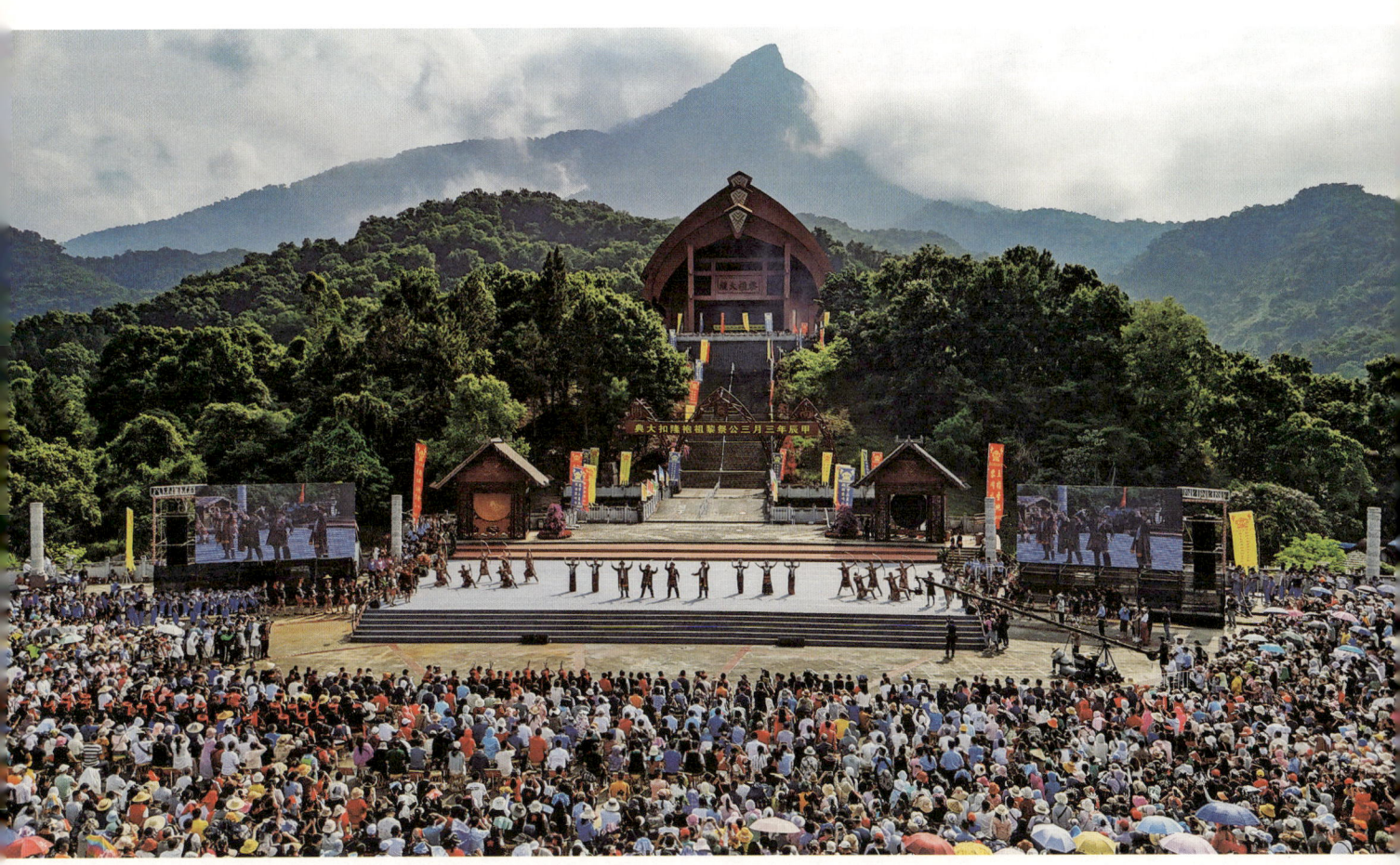

▲ 甲辰年三月三公祭黎祖袍隆扣大典（五指山市融媒体中心　提供）

逃生。在某年的农历三月三，天妃和观音在燕窝岭结为夫妻，生男育女，繁衍后代，使黎族重获新生。此后，每逢农历三月三，天妃和观音就带着众多的儿孙在鲜花烂漫的山野上载歌载舞，纵情欢庆。又不知过了多久，天妃和观音都相继去世，沉睡在燕窝岭下化作一对观音石。黎族人民为了纪念天妃和观音美满的婚姻和繁衍黎族的功绩，在每年的三月初三，黎族男女身着盛装，带着糯米糕饼、粽子和山栏米酒，成群结队，从四面八方聚集到先祖逝世的地方，举行纪念活动，以祈求民族的昌盛繁衍和幸福吉祥。中华人民共和国成立前，黎族"三月三"节庆以男女对歌求爱，寻找意中人为主题，同时也举办一些简单的文娱活动，如射箭、荡秋千、打叮咚等。在山坡上对歌、嬉闹、寻找朋友、情侣。情投意合的青年男女在木棉树下、山沟边互诉衷情，欢度良宵，至第二天上午才散去。第二年的农历三月三，大家又来此相会，年年如此。中华人民共和国成立后，"三月三"节庆活动迅速发展，不仅形式多样，而且文化内容丰富多彩：有清脆悦耳的对歌、节奏明快的舞蹈、传统风格的体育竞赛等。

黎族知识简介

◆ 黎峒

峒是黎族社会历史上独具特色的一种社会组织。"峒"原意是"人们共同居住的一定地域"。峒相当于"乡里"，每"峒"管数个、十数个乃至数十个自然聚居点。既有替官府间接管治乡野的社会功能，也包含自然氏族社会的因素，这个意义上的"黎峒"，是研究黎族历史的重心。

宋代，黎族社会组织称"峒"，每一宗姓为一峒，全岛黎峒林立但规模较小。明代，黎族地区社会组织仍为村峒，村峒数量较多。明代海南岛12个州县中共有黎峒1260个。清代，在黎族地区建立的土官制，主要是在黎族村峒设峒长、总管（或称黎总）、哨官、黎甲、黎长、黎首等职。清代全岛10州县，峒42个，村（弓）822个。与明代相比，村峒数量已大为减少。其原因是大批村峒划入清政府直接管辖，成为清政府的编户齐民，不再称作峒了。

◆ 奥雅

"奥雅"黎语即"老人"之意,黎族称呼他们的首领为"老人",说明原始氏族社会的长老观念仍存在于民众思想意识之中。

◆ 大力神袍隆扣

在黎族的民间传说中有一则神话《大力神》,传说天地是由大力神所撑起,江河山岳、森林花草是大力神死后所变的,是大力神为人类创造了适宜人类繁衍生息的美好家园。大力神,黎语中即"袍隆扣"。

"袍"在黎族社会当中至高无上,在黎语中是"祖父、祖先、先人、先辈、男性、男人"之意。"隆"为"巨大、无穷、无限、勇猛无比"之意。"扣"为"力、力量"。"袍隆扣"整个意思便是"巨大、威猛无比、力拔山兮的神"。

祖先崇拜历来是黎族人民最高的精神寄托,修建"黎祖大殿",可方便黎族及海南各族人民朝拜祖先,祭拜祖先,是黎族人民的精神家园。因此,将神话中大力神"袍隆扣"命名为"黎祖大殿"里的祖先神之名,完全符合黎族人民的心理需求,符合黎族人民精神追求的最高境界。

"三月三"增设袍隆扣祭祀大典

从2014年开始,每年的黎族苗族传统节日"三月三"增设黎祖祭祀项目,并固定在五指山市黎峒文化园举办。祭祀大力神大典中,设有击鼓鸣锣、吹号鸣炮、敬献花篮、行三鞠躬、恭读祭文、诵读大力神颂、乐舞告祭、拜谒大力神等。拜谒大力神时,也改变了往年敬香的习俗,改为向大力神敬献彩虹带,既环保又富有寓意。

近年来,祭祀活动影响力越来越大,每年"三月三"的黎祖祭祀大典已经成为海南150多万

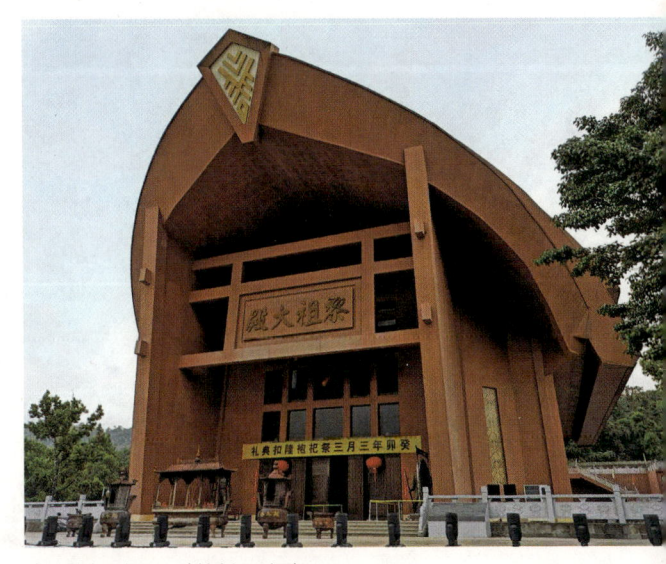

▲ 黎祖大殿(黄敏 摄)

名黎族同胞的情感聚合以及中外游客了解海南少数民族文化的重要载体，为五指山市旅游发展注入了新的文化元素。

五指山黎峒文化旅游区

在五指山第一峰的山麓有一处五指山黎峒文化园，它是黎族人民祭拜祖先的圣地和展示、研究、传承黎族传统文化的基地，也是集黎族文化、五指山名山、热带雨林为一体的旅游观光景点。园区规划占地面积3352亩，将兴建36个建筑区域和景观，总投资约33亿元。

园区内的黎祖大殿与五指山第一峰处在同一条主轴线上，居高临下，蔚为壮

▲ 五指山黎峒文化旅游区（李帅鸿 摄）

观。自2014年起，五指山黎峒文化园被海南省政府确定为海南省每年"三月三"祭拜黎祖袍隆扣大型活动的永久举办地。"三月三"是海南黎族、苗族同胞祭祀祖先、庆贺新生、歌颂英雄、赞美生活的传统节日，是黎族、苗族世世代代流传下来的文化资源，也是黎族、苗族文化最集中最典型的展现。

黎族精神家园

黎峒文化园是海南省每年全省黎族苗族传统节日"三月三"袍隆扣祭祀大典的永久举办地。这里是海南黎族人民的精神家园，也是海南黎族同胞祭奠先祖的人文圣地，更是展示、研究、传承和体验黎族文化的基地。

黎峒文化园目前开放黎祖大殿、祭祖门广场、青云梯、三月三广场、祭祖坛、民俗文化艺术长廊、黎峒文博馆。这里背靠高山、绿树成荫，农田环绕，仿佛它一直都存在于这里一般，犹如树木在自然中生长、云儿在空中飘拂。

穿过"祭祖门"，就是青云梯。青云梯沿着山体一直向上，层层叠叠，共有639级，蕴意着六六大顺、三生平安、长长久久的美好祝愿。青云梯两侧刻有24节气图，揭示了黎族先民对农时与天象关系的历史渊源及古老智慧。

青云梯之上，是1.1万平方米的"三月三"广场。这是每年袍隆扣祭祀大典的主要场地，广场上伫立着28根黎族图腾大圆柱，放眼四周尽是山林云海，圆柱显得巍峨肃穆。

青云梯的尽头，便是黎祖大殿。黎祖大殿高达33.33米，是根据黎族传统房屋建筑船底形屋构建而成，是世界上造型独一无二的船形建筑。殿内供奉着黎族的先祖——大力神袍隆扣，金身塑像，气势无比、威严壮观，袍隆扣是智慧和力量的化身，意在保佑黎族子孙福泽绵延。

黎峒文化园突出展示峒弓时代黎族古老的传统文化。"大力神故事组图""琼州黎人风俗图""黎族人文历史图说"这三套组图和"黎族五兄弟""黎族五姐妹"两幅壁画所展示的故事，反映了黎族古老文化的内涵。黎族古老文化丰富而优美，美在传统，美在历史，美在风骨。

寻旅五指山

第十五节　海南省民族博物馆（海南黎族文物第一馆）

　　海南省民族博物馆位于五指山市北面的牙畜岭上，依山面城，银墙金瓦，雕梁画栋，优雅庄严。1981年开始兴建，1986年10月1日开馆，建筑面积3772平方米，是海南境内最大的民族博物馆。博物馆设有大厅、展厅、接待厅、工作室和商场等功能区，以干栏回廊为纽带将各建筑单体连接组成中国传统四合院式的建筑群。2018年2月，海南省民族博物馆在原址复建改造完成，再次正式对外开放。

　　海南省民族博物馆是了解、研究海南少数民族历史文化、社会生活的重要窗口。馆内设有历史展厅、革命史展厅、黎族展厅、苗族展厅、回族展厅等8个展厅。

　　黎族展厅陈列着古代黎族人民刀耕火种的农业耕作工具，狩猎、捕捞的竹木

▲ 海南省民族博物馆（陈道雄　摄）

▲ 海南省民族博物馆馆藏（黄敏 摄）

器具，露天烧陶、钻木取火、结绳计数的器具，漂渡的独木舟，藤竹草类的各种编织器物，具有黎族特色的骨簪雕刻、黎锦、服饰、织绣和扎染工艺品，独特的乐器和宗教道具等大批具有较高研究价值的民族展品。另外，对丰富多彩的口头文学作品、多姿的黎族舞蹈也有所展现。

苗族展厅展出苗族农业、狩猎、捕捞和家庭生活所用各种竹木器具，苗族医学及草药，婚俗用品，服饰，织绣和蜡染工艺，绘画，雕刻等。

回族展厅陈列着回族在海南的历史文物，其中较突出的是用于经商和渔业的实物，以及体现宗教文化习俗的各类器具等。

馆内藏品总数为10896件（套），实际件数为35646件，其中少数民族藏品3736件（套）和古代藏品636件（套）、近现代藏品98件（套）、书画类藏品3025件（套）、古钱币2114件（套）及其他资料类藏品1287件（套）。少数民族为黎族、苗族、回族、壮族、侗族、傣族、藏族等民族，其中黎族为2821件（套），其他民族915件（套）。这些藏品中具有特色的藏品为黎锦、铜锣、独木

▲ 海南省民族博物馆馆藏（黄敏　摄）

器具、编织器具、契约、纺织工具、竹契和骨雕，而乐嗣炳教授捐赠的古籍、民国文献、书画、碑拓、古钱币在藏品具有一定的分量。西汉"朱庐执刲"蛇钮银印为该馆具有代表性的历史文物。

藏品种类丰富，按质地（材质）分为石器、陶器、瓷器、金属器、木器、竹器、藤器、纸质、棉麻、骨玉器10大类；按民族分为黎、苗、回、壮、侗、傣、藏及海南的儋州人、疍家人、内地汉人等藏品；按历史时代分为古代、近现代（革命文物）；按功能分为生活、生产、文化、教育、艺术、宗教等；按工艺分为纺织、编织、绘画、书法、碑拓、雕（镂）刻、印刷、锻造、模铸等。

第三章 底蕴厚重 州府故园

五指山市是原中共广东省海南黎族苗族自治州委、广东省海南黎族苗族自治州人民政府的所在地。当年，一批远道而来的建设者和本地黎族苗族同胞共同建设五指山，他们辛勤努力、开荒建设，让五指山经济社会发展发生了翻天覆地的变化，黎族苗族等各民族同胞的生活条件有了巨大改善。这里留下了数不清的老州府奋斗故事，也留下了自治州时期别具风格的历史建筑。这些老建筑承载了这座城市的历史文化，也烘托起了这座城市的底蕴。

第一节 海南黎族苗族自治州记忆

1950年4月，中国人民解放军野战军在琼崖纵队和琼崖各族人民的接应配合下，渡海作战，解放了海南岛。中共海南区委在中共中央和广东省委的领导下，于1952年7月1日在海南少数民族聚居地区建立起民族区域自治的人民政权——海南黎族苗族自治区（1955年改为"海南黎族苗族自治州"），并按照党的民族理论和民族政策要求，大量培养和促进少数民族干部的成长，从政治、经济、文化等方面关心、扶持、加快自治地方社会的发展进步，形成平等、团结、互助和共同进步、共同繁荣的新型社会主义民族关系，从而揭开了海南少数民族地区发展的历史新篇章。

海南黎族苗族自治区（州）的成立

中华人民共和国成立后，党和国家为了保障少数民族在政治、经济、文化等方面的平等权利，发挥少数民族当家做主的积极性，共同建设社会主义国家，根据《中华人民政治协商会议共同纲领》的精神，1952年，政务院颁布《中华人民共和国民族区域自治实施纲要》，在全国少数民族聚居的地区普遍推行民族区域自治政策和制度，在主要的少数民族聚居区先后建立各级民族自治机关，实现民族区域自治，使各族人民在完全平等的基础上，共同管理自己的国家和本民族内部的事务。1951年8月，中央访问团来到海南少数民族地区，对各族人民进行亲切慰问，宣传党的民族政策。同时，海南行政公署在海口召开海南少数民族代表会议，征求黎族、苗族人民对建设社会主义新海南的意见。同年冬至次年春，中共广东省委和中共海南区委，在黎族、苗族和汉族地区更广泛地开展民族区域自治政策的宣传工作，进一步提高各族人民对当家做主和实行民族区域自治制度的认知程度。1952年4月20日，中共海南黎族苗族自治区地方委员会成立。1953年7月8日由抱由镇迁驻保亭县通什镇（今五指山市）。

▲ 1955年10月，海南黎族苗族自治区改为海南黎族苗族自治州，州府驻地通什镇（今五指山市）

1955年10月，海南黎族苗族自治区召开第二届人民代表会议，根据《中华人民共和国宪法》，表决通过海南黎族苗族自治区改名为"海南黎族苗族自治州"。12月，海南黎族苗族自治区正式改为"海南黎族苗族自治州"，并将自治区人民政府改为"自治州人民委员会"，自治区政府主席改为"自治州州长"。与此同时，中共海南黎族苗族自治区地方委员会改为"中共海南黎族苗族自治州地方委员会"，隶属广东省委领导。

党和人民政府对海南黎族苗族自治州的关怀

中央领导人十分关心海南少数民族地区的社会主义建设事业和黎族、苗族、回族、汉族各族人民的疾苦。毛泽东主席指出，必须帮助各少数民族的广大人民群众，包括一切联系群众的领袖人物在内，争取他们在政治上、经济上、文化上的解放和发展。中共中央把民族工作提到重要的议程，制定了一系列帮助少数民族实现繁荣发展的政策。海南黎族苗族自治州成立后，周恩来、刘少奇、朱德、陈云、董必武、叶剑英、邓小平等国家领导人，先后亲临自治州视察，帮助解决民族自治过程中面临的困难，给全州各族人民以无微不至的关怀。

1951年8月14日至9月12日，中共中央派出以马杰为分团长的中央人民政府中南民族访问团第二分团到黎族、苗族聚居的五指山区进行访问。五指山区各族人民用最隆重的民族礼节热烈欢迎中共中央派来的访问团，许多群众接连几天到路上等候，迎接访问团。访问团带来了党和人民政府对各族人民的极大关怀和亲切问候。访问团代表中央人民政府赠送大批的礼品，还有广东省人民政府主席叶剑英赠给各少数民族的大批衣物、毛巾。中央人民政府中南民族访问团共召开7次慰问大会，慰问演出16场，放映电影18场，图片展3次，参加慰问大会的黎族、苗族、回族各民族群众达10万人。访问团通过慰问大会和其他演出活动，传达中共中央和中央人民政府对海南各少数民族的关怀，宣传党的民族区域自治政策。访问团还跋山涉水到黎村苗寨进行慰问，共召开38次民族代表会议，6次民族干部会议。他们一方面了解各族群众生产生活存在的困难和要求，听取黎族人民当年武装起义的艰苦历程以及对政府的建议；另一方面了解海南黎族苗族自治区政治、经济、文教等方面的情况，研究各少数民族的语言、音乐、舞蹈，搜集民歌和民间故事。

党和国家为加快海南黎族苗族自治区的各项建设事业，从财力、物力和人力等方面给予大量的援助。国家在1952年向黎族、苗族群众发放大量农业贷款，为群众购买数十万件铁质农具，同年春又增拨60万元的农业贷款。海南黎族苗族自治区各县在中央及各级政府的关怀下，相继办起联合工厂，黎族、苗族人民有史以来第一次生产出铁质农具，农业生产效率得到迅速提高。海南岛当时最大的水利工程——都总水库，位于保亭县和陵水县交界处，被列入国家重点建设项目；在全自治区各县开展的大规模农田水利建设，使大量农田受益，许多单产田变成双造田。为群众解决了生产和生活上的困难，人民都有饭吃、有衣穿。不少青年男女到市场来还穿上机织布的衣服、穿上了胶鞋，撑着伞；不少农民买了蚊帐及毡被等生活用品。

在中央人民政府的关怀下，广东省和海南地方人民政府不断采取措施，解决黎族、苗族地区教育的各种困难，加快民族地区教育事业的发展。1952年8月，中央政府第一次从南方大学海南分校教师训练班抽调小学教师317人，到海南黎族苗族自治区工作。1953年，海南行政公署第二次从琼山、文昌、儋县、万宁等县普通师范学校和初级师范学校中抽调262名毕业生，派往海南黎族苗族自治区工作。1956年，海南师范专科学校首届毕业生，有一部分人被分配到海南黎族苗族自治州的保亭县等少数民族县任教。此后，还有华南师范学院、琼台师范学校和其他院校的毕业生相继被分配到海南黎族苗族自治州各地任教。上级政府不断派遣文教工作组到少数民族地区帮助少数民族人民建设学校，发展教育。据《白沙县志》记载，1952年3月，海南文教处组织少数民族文教工作组6人，深入白沙县，发动群众义务建设学校。从1952年至1956年，上级相继派汉族小学教师703名，解决了自治州民族教育缺乏师资的困境，促进了少数民族文教事业的发展。

为开发建设五指山区，30万名农垦大军先后从祖国各地和海南汉族地区来到海南黎族苗族自治州，创办国营农场，发展橡胶等热带经济作物。在共同的建设事业中，农场与农村互相支援、互相帮助，附近的农村不仅大量地供应农场所需的粮食和农副产品，而且为了大力发展农村的经济作物生产，各村庄还组织专业队伍到农场学习技术。国营农场汉族工人毫无保留地把种植和管理经济作物的技术传授给黎族、苗族农民，挑选良种和生产工具给黎族、苗族农民。许多黎族、苗族群众掌握了整套经营管理热带经济作物的技术后，大力发展经济作物种植，为少数民族地区在经济发展上更快赶上汉族地区水平，提供了可靠的保障。

海南黎族苗族自治州民族文化艺术繁荣发展

从20世纪80年代起，在改革开放大潮的鼓舞和推动下，海南黎族苗族自治州文化建设成绩斐然，各民族文化工作者在"双百方针"（百花齐放、百家争鸣）和"二为"（为人民服务、为社会主义服务）方向的指引下，从当地文化和自身民族实际出发，因地制宜地持续开展各种文化艺术创作和文艺活动，不断取得喜人的成绩。

进入改革开放新时期，自治州报刊出版工作的新生事物开始涌现，主要创办了《五指山报》和《五指山文艺》。1986年8月，为适应改革开放新时期新形势的需要，经广东省委宣传部批准，自治州委复办《五指山报》，仍为自治州委机关报，由自治州委直接主管，实行总编辑负责制。《五指山报》以全州黎族、苗族、回族、汉族各民族农民为主要读者对象，特别强调报纸的通俗化、群众性和民族特色。《五指山文艺》季刊创刊于1979年，隶属自治州文化局。该刊的创办首次为自治州各民族文学爱好者提供了一个学习、锻炼和展露才华的园地，当代黎族作家的文学创作由此拉开帷幕。

1982年，自治州第一次文艺工作者代表大会以后，自治州的图书出版业迅速发展，民族文学的整理出版蓬勃兴起。原广东民族学院师生、海南黎族苗族自治州和所辖县市文化部门的广大文化工作者，开始系统地整理出版黎族、苗族民间文学，包括《黎族民间故事》《黎族民间故事选》《海南传说》《黎族情歌选》《五指山风》《五指山传》等。自治州委和州政府的领导成员也重视并带动和参与文化活动，组织编纂出版大型摄影画册《五指山风貌》和《海南黎族苗族自治州概况》《天涯采珠》等纪实文集。

改革开放不仅加快了海南黎族苗族自治州的社会主义经济建设，也开启了自治州文学事业的新里程，少数民族作家、诗人、艺术家与日俱增。20世纪70年代末至80年代末，是当代黎族文学创作最活跃的时期，首批黎族作家如龙敏、王海、王艺、董元培、符玉珍、马仲川等，依托《五指山文艺》在文坛崭露头角，结束了此前海南少数民族只有口头文学，没有书面文学的历史。

党的十一届三中全会以后，海南黎族苗族自治州的民族艺术事业进入新的发展阶段，在党的文艺方针指引下，各种文艺机构和文艺活动日益增多并日趋完善。歌舞团、文化馆、群众艺术馆、业余歌舞队、民间演唱队、民乐队和戏剧、音乐、舞蹈、美术、摄影、电影、民间文艺研究等协会纷纷建立，不断涌现优秀的艺术作品，一批批优秀的艺术家不断成长，艺术队伍日益壮大。歌曲《久久不见久久见》，最早原型为"黎族歌后"王妚大传唱，词曲婉转、深沉、抒情，1986年，经谢文经改编，由黎族歌手陈忠率先在舞台上演唱，后传遍四方。1980年，自治州歌舞团创作演出黎族神话舞剧《甘工鸟》，荣获第一届全国少数民族文艺会演优秀剧目和表演奖。除此之外，海南文化独有的琼剧艺术也出现了黎族演员。起步于白沙县琼剧团的王宏夫荣获自治州现代戏会演优秀演员奖。乐东县陈素珍荣获戏剧界最高奖——梅花奖。

改革开放新时期诞生的优秀美术作品有版画《黎寨蕉园》《逗娘舞》《鹿回头的故乡》《槟榔出山》等；国画《胶林晨曲》《流水欢歌》《黎寨新貌》《织锦》《黎寨丰收图》等；油画《化石》《远古的回音》《寻回祖先的影子》《黎女之歌》《黎山乐》等。

海南黎族苗族自治州少数民族文化艺术的繁荣灿烂，使全州上下在20世纪80

年代呈现出安定祥和、欣欣向荣的美好气象，进一步助推自治州社会主义精神文明的高度发展。

1987年9月26日，中共中央、国务院印发《关于建立海南省及其筹建工作的通知》，12月31日，海南黎族苗族自治州正式撤销。海南黎族苗族自治州走过30多年曲折而又辉煌的历程，在其所管辖的保亭、琼中、白沙、乐东、陵水、崖县（后改为三亚市）、昌江、东方、通什（今五指山市）等少数民族地区的市县，努力发展经济、文化，建设社会主义现代化的民族大家园，促进各民族的平等、团结、互助和共同繁荣、进步，出色地履行民族区域自治权利，完成了中国共产党和人民政府赋予的民族区域自治地方行政管理和社会建设的神圣使命。

第二节　海南黎族苗族自治州党委办公楼

中共海南黎族苗族自治州委员会旧址为五指山市市级文物保护单位，办公楼建于1955年，坐南朝北，系水泥钢筋混合结构的二层楼房。楼顶为硬山顶，灰布

▲ 中共海南黎族苗族自治州委员会办公楼旧址（黄敏　摄）

筒瓦。楼长46.5米，宽5.5米，高10.9米，占地面积2664平方米，建筑面积5329平方米。1958年自治州州委迁至海口与海南行政区公署合署办公，1959年至1961年为保亭县委、县政府综合办公楼。1962年恢复自治州党委，该楼为自治州州党委办公楼，直至1987年12月海南黎族苗族自治州撤销。撤州后该楼为通什市人民政府办公楼，现为中共五指山市委办公楼。

第三节　海南黎族苗族自治州人民政府办公楼

海南黎族苗族自治州人民政府老办公楼旧址为海南省文物保护单位，办公楼始建于1954年，仿苏联建筑模式，为砖木混凝土结构，红黄相间的颜色、围合式空间布局、精致的窗花等建筑造型装饰，独具异域风情。2015年11月29日，入选海南省第三批省级文物保护单位名录。老州府完整地记忆着区域民族团结与民族发展的历程，经历了中华人民共和国成立初期到现在海南的发展与进步，具有较

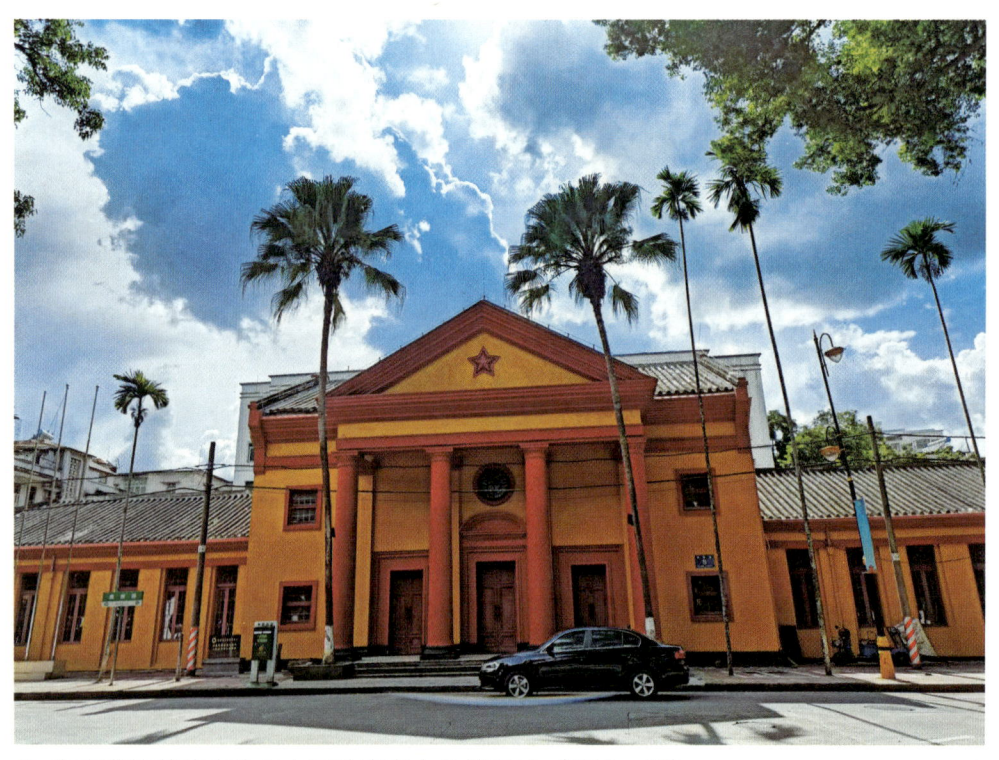

▲ 海南黎族苗族自治州人民政府老办公楼旧址（黄敏　摄）

高的历史价值,是珍贵的历史资料与实物依据,也是研究黎族、苗族历史文化,进行爱国主义教育的好基地。

第四节　海南黎族苗族自治州人民政府新办公楼

海南黎族苗族自治州人民政府新办公楼旧址为五指山市市级文物保护单位,位于五指山市河北山冈上。

办公楼始建于1981年,1984年交付使用,是当时整个海南最大、最高、最气派的政府办公大楼。大楼长103米、宽16.7米、高36米,占地面积2750平方

▼ 海南黎族苗族自治州人民政府新办公楼旧址(现为海南热带海洋学院五指山校区办公楼)(黄敏　摄)

米，楼高7层，建筑面积1.96万平方米。该楼原是海南黎族苗族自治州人民政府各职能部门办公地。1987年海南黎族苗族自治州撤销建省后，划拨给琼州大学（先后改为琼州学院、海南热带海洋学院）。现为海南热带海洋学院五指山校区办公楼。

第五节　"州府故园"钟楼

2023年3月30日，"州府故园"钟楼启用。这座建筑成为五指山新的地标，一展昔日州府荣光。如迎客之松，聚四方之才。

▲ "州府故园"钟楼（黄敏　摄）

第六节 "州府故园"文化节

2023年7月8日，五指山市2023年"上山爽一夏　故园·毕业季"暨州府故园文化活动启动仪式在市"三月三"广场举行，冯白驹将军之女冯尔曾，自治州第一任原州委书记赵光炬之女赵庆雅等自治州老领导、老知青及家属，革命功臣及家属出席了活动启动仪式。活动在保留原汁原味州府老建筑、老街道、城市历史文脉的基础上，精心策划印象州府花车巡游、"年代服装秀""州府歌舞厅""知青茶话会""通什电影院"等系列活动，为广大市民游客准备了一大波"回忆杀"，让游客沉浸式体验怀旧文化；此外，线上线下开展的评选及宣传推广活动，还将全方位展示州府历史文化特色，进一步推动五指山文化繁荣发展。

▲ "州府故园"文化节（五指山市融媒体中心　提供）

▲ "州府故园"文化节（五指山市融媒体中心 提供）

  "州府故园"文化节系列活动以底蕴厚重的州府文化为核心，深入挖掘五指山州府文化内涵，整合盘活本地红色旅游研学、黎苗风情文化、热带雨林生态、美丽乡村建设和医养康养产业等资源，通过丰富多彩的主题活动，充分展示海岛山城的内蕴光华、人文历史，深入推进文旅产业融合高质量发展，让"不到五指山，不算到海南"成为新民谚响彻全国。

第四章 热带雨林国家公园

海南热带雨林国家公园拥有保存完好的原始热带雨林，是中国首批设立的5个国家公园之一，也是唯一的热带雨林国家公园。五指山是海南岛的象征，也是中国名山之一，是海南最高峰。五指山热带雨林与南美洲的亚马孙河流域、印度尼西亚的热带雨林并称为全球保持最完好的三块热带雨林，负氧离子含量高，被誉为海南岛之"肺"。漫步在五指山热带雨林中，茂盛的树木遮天蔽日，山涧中泉水叮咚，可以畅享纯净的空气和满目的葱绿，让人流连忘返。远眺五指山，林木苍翠，白云缭绕，仿佛置身"童话森林"，一股云从脚下生起，人在太空游的舒畅感油然而生。

第一节　岩峦云霄：登顶五指山的壮丽山峰之巅

"会当凌绝顶，一览众山小。"五指山位于五指山市水满乡，是海南第一高山，也是中国名山，素有"海南屋脊"之称，因五峰相连、形如手指而得名。五座山峰为西南—东北走向，成一字排列，其中最高峰（第二峰）海拔1867.1米，比五岳之首泰山还要高出300多米。在高空中俯视海南岛，整个岛屿如同一把撑开的大伞，高高的五指山就是伞尖，山谷之间的万泉河、昌化江如同伞骨四面奔流而下。明代丘濬有诗云："五峰如指翠相连，撑起炎荒半壁天。夜盥银河摘星斗，朝探碧落弄云烟。雨余玉笋空中现，月出明珠掌上悬。岂是巨灵伸一臂，遥从海外数中原。"诗人豪迈的气概，浪漫的笔触，把五指山勾勒得出神入化。

灵山多秀色，空水共氤氲。五指山峰峦插天，又处在海岛之上，水汽充足，时常氤氲缭绕。当地居民戏称，五指山经常云雾披身，时隐时现，宛如一个极富个性的处子，不论是南来北往的旅人，还是慕名而来的登山者，她高兴时就会露出真容，让人一睹真颜，饱餐秀色；不高兴了，就遮遮掩掩，犹抱琵琶半遮面，令人思之若狂。若想成功登顶五指山，须得下足苦功。每当皓月当空，云开雾散，绿色环绕的五指山山峰，恰似春池明月，顾盼生辉，静候佳人。人在山前远眺，山与人默默对视，互动交心，心旷神怡。

第二节　热带奇观：探秘五指山的热带雨林生态奇观

遍布五指山的热带原始森林，是海南主要河流昌化江、万泉河的发源地。穿行于五指山的热带雨林中，可见古树参天，溪水潺潺，堪称国宝的木本蕨类植物桫椤树、空中花篮、绞杀、寄生等热带雨林植物景观。这些原始森林，不仅风光优美，极具神秘色彩，而且是生物多样性宝库。据统计，森林中有野生维管植物2302种，野生动物524种。拥有坡垒、苏铁、台湾苏铁、海南苏铁、卷萼兜兰、美花兰等国家Ⅰ级保护野生植物；另有海南粗榧、石碌

▲ 鸟巢蕨（黄敏　摄）

▲ 热带雨林中的"空中花园"奇观（黄敏　摄）

▲ 热带雨林中的树根墙（海南热带国家公园五指山分局 提供）

含笑、皱皮油丹、蝴蝶树、海南韶子、海南紫荆木等海南特有物种。动物资源也极其丰富，据不完全统计，记录的鸟类283种，鱼类67种，昆虫1700余种。有圆鼻巨蜥、海南山鹧鸪、海南孔雀雉、云豹、小灵猫、大灵猫、穿山甲、海南鹇等国家I级保护野生动物，以及中国唯一的蝶类国家I级保护野生动物金斑喙凤蝶。

植物界的"活化石"——海南苏铁

说起苏铁，人们总会想到"铁树开花"。

海南苏铁是苏铁科苏铁属植物，羽状叶长约1米，叶柄长约20厘米。海南苏铁雌雄异株，雌球花仿佛是一个大绒球一般，而雄球花像是一座金色宝塔，并且它是一个肉质多汁的棒状器官，下午和傍晚昆虫活跃的时候球花会发热，使香味挥发，冒出一种甜薄荷香味，并流出含糖和氨基酸的液体，是昆虫们青睐的美食。

此外，海南苏铁还是国家一级保护植物，为特有种，被列入世界自然保护联盟红色名录濒危物种，更是因其在恶劣的自然条件下也可以顽强地存活下来，被生物学家誉为"植物界的活化石"。

木中钢铁——坡垒

坡垒是海南热带雨林里为数不多的国家一级重点保护野生植物，

▲ 海南苏铁（海南热带雨林国家公园管理局 提供）

坡垒是常绿乔木，一般高20米～30米，树皮为灰白色或褐色，叶片近革质。

坡垒木因密度高、硬度大，耐水浸和日晒，不受虫蛀，极耐腐，是有名的高强度用材，被称为"木中钢铁"，适宜做渔轮的外龙骨、首尾柱等，也可做码头桩材、桥梁和其他建筑用材。

坡垒具有良好的药用价值，其提取物成分有杀菌活性，能够调节人体免疫力，由于早期人为的砍伐用材，使得坡垒野生资源濒临灭绝，被《中国植物红皮书》定为濒危种，世界自然保护联盟红色名录列为濒危。

▲ 坡垒（海南热带雨林国家公园管理局 提供）

第四章 热带雨林国家公园

163

山鹧鸪

山鹧鸪属鸟类中羽色较为美丽的种类，眼、额、眉纹、颊、头侧以及颔、喉均为黑色且连成一片；耳羽白色；前颈及颈侧基部淡橙红具黑斑；黑色眉纹上方散着白点，形成一条白纹向后延伸至后颈。栖息在海拔较低的山地和丘陵地带，尤以原始的山地雨林、沟谷雨林和山地常绿林中较为常见，海拔为700米～900米左右。常成对或结成4—5只的小群，大如野鸡，多对啼，在沟底、坡脚或山坡落叶堆积的地方觅食。

▲ 海南山鹧鸪（海南热带雨林国家公园管理局 提供）

金斑喙凤蝶

金斑喙凤蝶属凤蝶科、喙凤蝶属，是中国的国蝶，为国家一级保护动物，是一种大型珍稀蝴蝶。其姿态优美，犹如华丽高贵、光彩照人的"贵妇人"，因此被称为"蝶中皇后"。金斑喙凤蝶是亚热带、热带高山物种，栖息于海拔1000米左右的常绿阔叶林山地。金斑喙凤蝶体长30毫米左右，翅展81毫米～93毫米，翅上鳞粉闪烁着幽幽绿光，前翅上各有一条弧形金绿色的斑带；后翅中央有几块金黄色的斑块，后缘有月牙形的金黄斑，后翅的尾状突出细长，末端一小截颜色金黄。

第三节　海南热带雨林国家公园五指山片区

　　海南热带雨林是我国分布最集中、类型最多样、保存最完好、连片面积最大的大陆性岛屿型热带雨林，是岛屿型热带雨林的代表、热带生物多样性和遗传资源的宝库和海南岛生态安全屏障，具有国家代表性和全球保护意义。

　　海南热带雨林国家公园位于海南岛中部，区划总面积4269平方千米。其中核心保护区面积2331平方千米，占国家公园总面积的54.6%。公园分为7个片区：五指山、鹦哥岭、尖峰岭、霸王岭、吊罗山、黎母山、毛瑞。

　　海南热带雨林国家公园五指山片区是海南热带雨林国家公园的核心区域，总面积534.08平方千米，横跨五指山市、琼中黎族苗族自治县，其中五指山市境内

▲ 五指山热带雨林（李天平　摄）

▲ 国家雨林石刻（五指山市旅文局 提供）

▲ 昌化江之源（李树林 摄）

411.58平方千米，占总面积的77.06%。

在海南热带雨林国家公园五指山片区里可以登山观景、林中徒步、公园漫游……开启一场清新畅快的森林浴，尽情呼吸负氧离子。

登五指山要区分"登山"和"观山"，这两个项目分属两个景区，分别在水满乡的不同方向：五指山登山特指水满乡东北方向的海南热带雨林国家公园五指山片区，观山是指水满乡向南的五指山热带雨林风景区（观五指山）。

第四节　五指山水满河热带雨林风景区

五指山水满河热带雨林风景区是国家AAA级旅游景区，位于五指山市水满乡，距市区32千米。伫立景区的最佳观山点，可眺望海拔1867.1米的"海南屋脊"——五指山第二峰的正面。沿景区内3000米的雨林栈道行走，沿路可观赏桫群、"空中花篮"、千年树龄荔枝树、榕树、野桃花、"神石龟"等自然景观。五指山热带雨林风景区内，还有依托峡谷和雨林资源开发建成的"雨林峡谷漂

▲ 水满河热带雨林风景区观山点（五指山市旅文局　提供）

流"项目。漂流全长4000米，总落差80米，沿途可观赏到热带雨林风景、高峡平湖、黎苗风情和美丽的田园风光。原始黎族的母亲河——水满河流经整个景区，由五指山原始森林中的山泉水汇聚而成的水满河清澈透底，动静结合。

第五节　石刻碑刻

五指山存有多处石刻碑刻人文景观。清朝广西提督冯子材是进入五指山区最早的朝廷高官，他主持修建的全岛十字形大道，就是以五指山水满峒为轴心开掘的。在五指山仕阶岭巨石上刻有"手辟南荒""巨手擎天""观音献掌"字样，均为清朝名将冯子材及其部属修通五指山大道后纪功勒石。民国23年（1934年），国民党国民革命军第一集团军警卫旅长、抚黎专员陈汉光在第一峰半山腰立有石碑"折木拂日"。

此外，众多的名人墨客曾为五指山的雄伟、秀美和丰富的资源而题诗赋词，大加赞颂。如明朝尚书丘濬写的《题五指山》等诗文成为五指山历史文化遗迹。

▲ 手辟南荒、巨手擎天石刻（五指山市图书馆　提供）

▲ 明·丘濬《题五指山》石刻（黄敏 摄）

丘濬五指山诗壁。五指山观山点左侧的陡坡上，有一个用花岗岩筑成的直立石墙，铭刻着明代海南名贤丘濬的《题五指山》诗篇，字体龙飞凤舞，秀逸多姿。

第六节　五指山之声：雨林音乐会

2021年11月22日，"五指山之声·雨林音乐会"在五指山热带雨林风景区举行，一曲创作灵感来源于五指山黎族聚居区的民歌《久久相见才有味》中拉开序幕。音乐会以独奏、乐器合奏相结合的表演形式，将黎族苗族音乐、传统民乐，

▲ 五指山之声·雨林音乐会（五指山市融媒体中心　提供）

西洋交响乐结合，以热带雨林公园为自然大背景，分为雨林天籁、黎苗情怀、和谐共生三个篇章，《森林狂想曲》《山海约》《我爱五指山，我爱万泉河》《寂静的森林》等经典演奏，带来了生态与艺术的最美融合，充分展现了热带雨林文化与海南黎族苗族文化，使观众完全沉浸在集视觉、听觉、感觉于一体的雨林音乐会之中，让人心旷神怡、回味悠长。

第七节 五指山之韵：雨林服装秀

2021年11月28日，"黎风苗韵 秘境雨林"的"五指山之韵·雨林服装秀"文化活动在五指山热带雨林风景区举办，重点围绕海南热带雨林国家公园，突出宣传"六园"建设中的"热带雨林国家公园"和"黎苗文化精神家园"，展示海南热带雨林的特色和黎族苗族文化的魅力。

活动分为"斑斓黎锦""多彩苗绣""秘境雨林"三个篇章，由男女老少不同年龄段的50名模特组成，全方位展示传统及现代民族服饰。活动在"斑斓黎锦"篇章中正式拉开帷幕，主要展现海南黎族传统纹样服装，模特们身着华丽的黎锦，展示热带雨林中的黎族苗族文化，黎族苗族文化中的热带雨林元素，凸显雨林人家与自然的和谐共处、绿色发展之道；在"多彩苗绣"篇章中，展示苗族服饰的纹样特色与鲜艳色彩，苗族服装与树林荫翳的自然背景相融合，既展示苗族服饰的细致精美，又展示海南热带雨林特色和魅力；在"秘境雨林"篇章中，

▲ 五指山之韵·雨林服装秀（五指山市融媒体中心 提供）

▲ 苗绣展示（五指山市融媒体中心 提供）

展示热带雨林风格现代改良版民族风服装、黎族五大方言区传统服装和苗族传统服装。活动现场同时邀请黎族、苗族手工非物质文化遗产传承艺人，展示织锦、苗绣技艺，为走秀增添浓郁的民族色彩，仿若观赏活灵活现的人文历史画卷，让人置身在这片时尚的热带雨林，充分享受大自然的清新空间，体验黎风苗韵织绣下的热带雨林。

第五章 农旅融合 富美田园

五指山素有"九山半水半分田"之称,本地黎族同胞在利用土地资源时,充分考虑自然地理条件,形成融森林、梯田、村寨、河流为一体的生态环境。在高差400多米的蜿蜒山坡上,有160多层梯田呈螺旋状盘绕山腰,在云蒸霞蔚中一圈一环层层向上,风景优美,蔚为壮观,如同一幅生机盎然的富美田园画卷。

第一节 黎族风情:毛纳村

毛纳村位于水满乡,是一座藏在青山绿水间的黎族村,"一水护田将绿绕,两山排闼送青来"是毛纳村的真实写照,乡村掩映在青山绿水中,宛如世外桃源。毛纳村传统文化产品种类丰富,在村内可以欣赏共同广场上的黎族舞蹈,追寻硕果亭的红色印记,漫步连心桥,远眺五指山全貌,探寻合亩仓库的历史由来,观赏少数民族风情文化长廊,品尝原汁原味的特色美食,参与乡韵十足的民俗活动,体验异域风情。

▲ 毛纳村村口石刻(许力盛 摄)

▲ 毛纳村硕果亭(黄敏 摄)

▲ 毛纳村游客中心（王华旭 摄）

　　2023年7月，毛纳村游客中心建成。毛纳村游客中心按照"一心、两轴、三区、多点"的景观系统结构进行打造，总体分为综合服务区、雨林漫步区、船屋民俗体验区、演绎活动区、组团集散区五大部分。主要包含雨林漫步、雨林小溪、公共停车场、电瓶车站点、帷幔演艺中心和配套户外演出场地及以黎族传统纹样打造的入口集散广场等区域。中心的屋顶用茅草铺盖，主体结构用3万余根竹子搭建而成。毛纳村游客中心结构开放，屋顶和侧面预留了通光口，自然光从屋顶和侧面开口照进室内，丰富的光线结合竹子的天然颜色，营造出温馨而亲切的氛围。炎炎夏日，游客坐在大厅内，十分凉爽。

　　毛纳村游客中心还建设了毛纳露营基地。游客可以在这里眺望高山、欣赏田园风光、围炉煮茶，在春日中来一场自由自在的露营。

第五章　农旅融合富美田园

▲ 毛纳村风光（李帅鸿　摄）

▲ 毛纳村风光（水满乡毛纳村委会　提供）

◆ 春风十里茶飘香

毛纳村是一个黎族聚居的村寨。过去，毛纳村虽然风景秀丽，但地处偏远、发展滞后，守着"宝山"的村民却过着穷日子。山里人都争相往山外跑。近年来，"穷得只剩下山和水"的毛纳村摘掉"穷帽"，在五指山市委、市政府的大力支持下，毛纳村不断巩固拓展脱贫攻坚成果，美化环境、兴创产业、促进增收，努力打造乡村振兴示范样板，奋力书写黎族文化推广、雨林生态保护、茶旅融合大文章，村民的日子越过越红火。

让"绿水青山"变"金山银山"。毛纳村人种茶不剪枝、不打药。在脱贫攻坚举措下，当地政府扶持村民大力发展茶产业，鼓励村民规模化种植，大叶茶也回馈茶农日渐富足的生活。2022年，毛纳村全村人均可支配收入17681元。在村"两委"和合作社的带动下，越来越多的村民加入茶产业，大叶种茶俨然成为村民眼中致富的"金叶子"。

随着"五指山热带雨林大叶茶"品牌越来越响亮,增收致富的渠道越拓越宽。毛纳村不少村民都在自家门口摆起了货摊,发展"庭院经济"。在毛纳村口,独具特色的游客服务中心已投入使用,村里基础设施愈加完善,村容村貌焕然一新,人居环境和村庄文明建设发生质的飞跃。

如今的毛纳村到处铺满层层叠叠的青绿,清澈的河水穿村而过,蛙声蝉鸣不绝于耳,生机勃勃,成了"网红打卡地",吸引着各地游客纷至沓来。"硕果亭"前,驻足"打卡"的游人络绎不绝;"和茹手工茶坊"的"明星茶"供不应求……村里小集市的摊位上,村民们摆上山兰酒、糯米酒、土蜂蜜、藤编工艺品和自家炒制的红茶等,供游客选购。靠着卖土特产,增加了村民的收入。

毛纳村获得"全国乡村旅游重点村""中国美丽休闲乡村""海南省少数民族特色村寨""五椰级乡村旅游点"等荣誉称号。

▲ 毛纳村大叶茶(李天平 摄)

▲ 炒茶(李天平 摄)

▲ 毛纳村村民销售土特产品(李天平 摄)

寻旅五指山

第二节 水满乡方诺寨雨林共享农庄

在五指山的怀抱中隐藏着一片人间秘境——水满下村。水满下村坐落在五指山山脚下，是五指山市水满乡的自然村，全村为世代黎族聚居地，这里是黎族千年古村水满峒的旧址，也是传说中鹿回头的发源地，有得天独厚的原生态热带雨林资源，宛如一块碧玉镶嵌在山水之间。方诺寨雨林共享农庄是在水满峒旧址上改建的。

水满峒之前漫山遍野都是荔枝树，黎语称荔枝树为"番哦赛"，为沿袭当地黎族文化，"方诺寨"就取其音译名。方诺寨以"一轴、两区、三地、四园"为蓝图，打造宜农、宜游、宜学、宜业的雨林共享农庄。

方诺寨热带雨林景区依水满河畔而建，占地

▲ 方诺寨美景（五指山方诺寨雨林共享农庄有限公司 提供）

近2000亩，是一个集休闲、游览、餐饮、住宿的著名网红打卡地，毗邻五指山水满热带雨林。它是一个隐藏在大山里的世外桃源，徜徉其间，穿过潺潺流水的山涧，沿着步行观景栈道，恍如走进人间仙境。步入其间，满眼是赏心悦目的山林奇观、奇异花草，时而溪水叮咚，时而彩蝶飞舞。漫步行走，呼吸着含有高浓度负氧离子的空气，让人神清气爽。14栋小木屋别墅，掩藏在热带雨林间，像树一样"种"在雨林之中。

雨过天青云破处，这般颜色做将来。云雾在方诺寨的山林间忽隐忽现，蓝天、白云、青山、绿水、小船、梯田、民宿、木屋……融为一体，宛如一个青花瓷的精美图纹，述说着黎族千年的文化传承。

▲ 方诺寨民宿（五指山方诺寨雨林共享农庄有限公司 提供）

第三节　枫叶飘香：欣赏五指山的秋日红叶之美

红叶是上天降在五指山的一幅幅彩缎，美丽得让人迷醉。五指山的枫叶红，大约是在每年的深秋到次年的二月，这是一个不短的观赏时节。五指山的红叶景区，由于地理位置和海拔高度的影响，往往是由山脚渐次红到山顶，同一棵树上，也是由绿色逐渐变成黄色，由黄色再变成红色。一眼望去，整个山川色彩斑斓，绿中有黄，红黄夹杂，颜色鲜亮，层林尽染。大自然就像一个高超的调色师，把五指山的每一个山坡低谷，都装扮成五彩缤纷的世界。片片红叶片片情。北方的红叶显得热烈，五指山的红叶则是一股娇艳；北方的红叶显得奔放，五指

▲ 五指山红叶（李天平 摄）

山的红叶更富灵气；北方的红叶仿佛大家闺秀，五指山的红叶却似小家碧玉。看那飘移在五指山半山腰的白云，如飘带，与周边的绿树和骄矜的红叶，相映成趣，妙不可言。在蓝天白云下，紫气如烟，雄奇的五指山，被漫山的红叶一层一层簇拥，妖娆多姿，壮丽如画。

◆ 枫香树

五指山地区生长的枫树，学名为"枫香树"，与我国其他地方的枫树有着本质的区别。因叶片分裂为三角的叶形，俗称"三角枫""三角枫叶"或"三角枫树"。枫香树，分布于海南岛中南部地区，尤其是在五指山纵横山脉区域，广袤的热带雨林中分布最多，是较为典型的树种之一。

根据《海南植物志》记载，海南岛包括五指山地区生长的枫树，属于金缕梅科枫香树属，其学名为"枫香树"，北京香山的红叶和加拿大的枫树，均属于槭

▲ 枫香树（李树林 摄）

树科植物。金缕梅科植物与槭树科植物是两种不同的植物，枫香树叶和枫树叶截然不同。

明《正德琼台志》中，这样记载海南的枫树："枫，树似白杨，叶三角，有脂香，今之香枫是也。"由于海南枫树的叶子味青涩，有淡淡的清香，其树干因能分泌奇特的香枫脂，当地人把三角枫树叫作"香枫"或"香枫树"。

五指山的枫叶因为气候原因，从10月底开始由黄至红，11月份开始红艳，一直红到来年的2月份，时间长达3个月左右，是五指山响亮的美丽名片。

第四节　梯田幻影：走近五指山的秀美梯田景观

你见过有如同画家彩笔画出的梯田吗？那里蜿蜒曲折，层层叠叠，高低错落，圈圈呼应，四季如锦——这就是五指山毛阳镇的牙胡梯田。牙胡梯田象征着黎族先民的勤劳和智慧，见证了黎族同胞的巧干与苦干。在恶劣的自然环境下，

▲ 牙胡梯田（张江英　摄）

他们硬是披荆斩棘，靠双手改造自然，创造了美好的幸福生活，形成了山顶育森林，山腰造梯田，山脚建村寨的绝美山水画卷。那环环圈圈的牙胡梯田，如五指螺丝状，一圈一环，环环向上，呈现着动人心魄的曲线美，如同一幅油画，又似梵婀玲上奏着的名曲。风光迷人的牙胡梯田，春天里，一层层碧水倒映着天光，如同天空之境。夏天里，绿野似碧海，微风吹拂稻浪，飘来一阵阵稻香。秋天里，整个山腰丰收满园，漫山铺金一样，黄灿灿的。冬天里，山腰静谧如水，正酝酿着一片片新的生机。每当大雨滂沱之后，山间云雾缭绕，梯田若隐若现，仿佛隔了一层薄纱。晴朗时的夕阳，不仅染红了天，也染红了一块块大大小小的梯田，照亮黎族同胞通向远方幸福的日子。

第五节　黎族传统村落的"活化石"：初保村

初保村位于五指山西麓的毛阳镇，是保存着古老特色的黎族村落，是黎族人民生活变迁、黎族文化更迭发展的一个缩影。

▲ 初保老村（李天平 摄）

　　初保村周围群山环绕，山清水秀。村子依山而建，屋舍顺山势自上而下呈阶梯状分布为10行，每行房屋之间的落差，村民用搭建土台阶或砖石台阶的方法加以处理，解决了村里人上下的交通问题。村后山间树林茂密，牙合河自村前流过。初保村距毛阳镇中心20千米，距五指山市区45千米，距五指山大峡谷漂流点4千米。

　　黎族民居主要有"船形屋"与"金字形屋"两种。前者以木条、竹子、红白藤和茅草为建筑材料，十分原始；后者则是黎族人民在与周边民族交往中改良后的干栏式建筑类型，其以树干作为支架，竹木编织为墙，最后用稻草与泥混合后拌成泥墙，由此建造而成。初保村现存屋舍记录着黎族传统民居从"船形屋"向"金字形屋"的演变过程。独一无二的板材墙体结构特征，是区别于海

▲ 初保老村船形屋（黄敏 摄）

寻旅五指山

▲ 初保新村（黄敏 摄）

南其他黎族船形屋的特例。全村房屋风格基本一致，只是面积大小和空间分割略有不同；房屋四壁均为木板结构，顶部由茅草材料铺就，并延伸到离地不足1米的高度，这使得房屋的侧立面看起来像一个大大的"金"字。初保村是美丽且独特的黎族原始村落。2006年，它以"黎族杆栏建筑生态自然村"之名，被列入海南省非物质文化遗产保护名录。

初保村原来只有一个，2010年开始，为了使村民有更好、更安全的居住环境，初保村整体搬迁到约1千米外的地方。2012年搬迁完成，自此，原来的初保村变成了初保老村，相应的，也就有了初保新村。

第六节　山村欢歌：日子越过越红火

指纹茶园（永训村）

指纹茶园位于五指山水满乡永训村，因高空俯瞰层层茶园状如指纹而得名。它是椰仙五指山水满香有机红茶生产基地，是五指山"华夏第一早春茶"生产地。

雨林环抱与高负氧离子的共同滋养，使得水满大叶茶成为海南独有的品种。

如果说水满乡是五指山市的一片世外桃源，那么指纹茶园就是其中最迷人

▲ 指纹茶园（李天平　摄）

的风景之一。从高空俯瞰，茶园层层叠叠，条线优美，宛如印在大地上的绿色指纹；在低空近距离观看，一株株茶树被修剪得整整齐齐，随风舞动，掀起一层层绿色的波浪。

新村村（水满乡唯一苗村）

新村村位于五指山市水满乡南面，与五指山主峰遥遥相望，是水满乡唯一的苗族村庄、水满乡重点建设的文明生态村之一，还是海南省非物质文化遗产项目传承村。目前有苗族招龙舞省级传承人1名、市级传承人6名。2014年获得省级卫生村、五指山"美丽乡村"。2014—2015年度与2015—2016年度获市级"先进基层党组织"称号。2015—2016年度获省级"先进基层党组织"称号。2016年度获海南省一星级美丽乡村称号。

▲ 新村村（李帅鸿 摄）

🔸 水满村

　　水满村位于水满乡南面，是一个黎族自治村。水满村在五指山的怀抱之中，水满河从村前缓缓流过，青山秀水，清凉宜人。山上长着几百年的野生水满茶，山腰有人参形状的半山瀑布和云桥，村后有"七仙女"洞，村中幽潭古树，梯田层叠房前舍后，为典型的世外桃源。

▲ 水满村（李帅鸿　摄）

🔸 同甲村

　　同甲村位于五指山市南圣镇同甲村委会，依山傍水，环境优美，村口有黎族特色建筑"船形屋"。"船形屋"保留干栏式建筑的痕迹，形状像船篷，无论从结构到造型都颇具黎族特色。

▲ 同甲村（李天平　摄）

第五章　农旅融合富美田园

永忠村

　　永忠村位于五指山市南圣镇同甲村委会，一个风景优美的黎族村，被列入"中国少数民族特色村寨"之列。它藏于深闺，静静地诉说着古老过往。走进永忠村，富有黎族特色的民居点缀着路边的风景，村子前面是蜿蜒公路，后面是山间飘浮的云雾，若隐若现，如同仙境一般。这里每天都吸引过往游客驻足游玩，成为当地生态休闲旅游景点。2011年，永忠村被海南省民族宗教事务委员会列为全省创建的五个特色村寨之一。

▲ 南圣镇永忠村新貌（孟志军　摄）

▲ 南圣荷花基地（黄敏 摄）

❀ 南圣荷花基地（南圣村）

南圣荷花基地位于南圣镇南圣村。2023年6月，南圣荷花莲蓬产业基地端午游园会开幕，园内荷花面积约30亩。6月底，荷花基地上的太空莲竞相绽放。接天莲叶无穷碧的美景使五指山市南圣上村荷花莲蓬产业基地成为游客盛夏热门的赏荷打卡地。打卡点、小吃街、农副产品各式各样，满足不同游客的不同需求。

苗族爱情村——新民村

新民村位于南圣镇毛祥村委会，是一个苗族聚居的村庄。新民村是以爱情为主题的村庄（吖啦咪风情村），村口竖立着两根颇具民族特色的柱子，桥上雕刻着具有民族特色的系列彩色立体画。新民村经济作物以橡胶、槟榔、益智、红藤为主。

▲ 新民村宣传图（五指山市史志中心 提供）

毛道乡凤凰花

毛道乡凤凰花位于毛道乡。穿过山路蜿蜒的海榆中线，由五指山市区进发，沿着宽阔清澈的通什河，路边的凤凰花若隐若现。行进16千米后，岸边出现一棵硕大的凤凰树，满枝火红的凤凰花，仿佛一把巨大的火炬。

这棵凤凰树位于五指山市毛道中心幼儿园，高度接近4层楼高，宽度30米左

▲ 凤凰花（毛道中心幼儿园　提供）

右，形似榕树，却比一般的榕树更高大、更茂盛，被誉为海南最红艳的凤凰花。每年5月凤凰花盛开的时节，花开满树怒放如焰，其独特的形状、下垂的花枝显得分外红艳，如同一个巨大宝盖，又如同一把张开的红色大罗伞。

空洪遗址（空洪村）

毛道乡红运村委会空洪村，村口立着一块石碑，上面刻着"五指山市市级文物保护单位——空洪遗址"，这里曾考古发现梯形石锛、双肩石斧、双肩大锛石器工具等文物，可见这个村庄深厚的历史文化。在距离石碑不到10米的地方，一座木制的大型谷仓矗立在村庄椰子树下，格外醒目，上面用茅草盖顶。斑驳陆离的百年谷仓、布满灰尘的舂米臼，还有那束之高阁的狩猎弓箭……这些被现代生活遗弃的一件件实物，仍在无声地诉说着曾经的历史。

▲ 空洪遗址石碑（黄敏　摄）

第五章　农旅融合富美田园

寻旅五指山

▲ 百年谷仓（黄敏 摄）

在合亩制社会时期，村里的谷仓都是独立的，全村共用，距离民房有几十米甚至几百米的，谷仓木质结实，可以防老鼠、防火，仓门用锁头锁住，如果不用钥匙，很难打开，具有较好的防盗功能。

在毛道乡毛枝村委会空中村、毛卓村委会番道村以及毛道村委会空茅村等村庄，还留存一些百年谷仓，有的搁置在村里偏僻的位置，已经不再使用，有的仍然在使用中。在毛道乡毛卓村委会番道村的一处坡地上，矗立着一座百年谷仓，高2米多，仓门紧锁，仓顶用铁皮覆盖着，谷仓底部用石头垫起来，用以防潮。

▲ 手摇鼓风机（黄敏 摄）

合亩制黎寨（毛道村委会）

　　五指山市是黎族合亩制社会的发祥地。多有以"毛"字开头的地名。合亩制地区隶属杞方言，当时是"悬崖阻隔""深林布"之处，与外部世界（即汉族）的来往较少，吸收外来文化不多。因此，这里一直保存着在其他黎族地区已先后消失的一种古老原始的劳动合作方式，即合亩制。

　　五指山市毛道乡是合亩制社会形态的集中地区，这里至今还保留着合亩制时期的一些生产工具，如谷仓、舂米臼以及狩猎弓箭等，部分村庄还有农民在坡地上种植山兰稻（一种旱稻，产量比普通水稻低很多），同时，毛道乡还有一些健在的且经历过合亩制社会的老人。

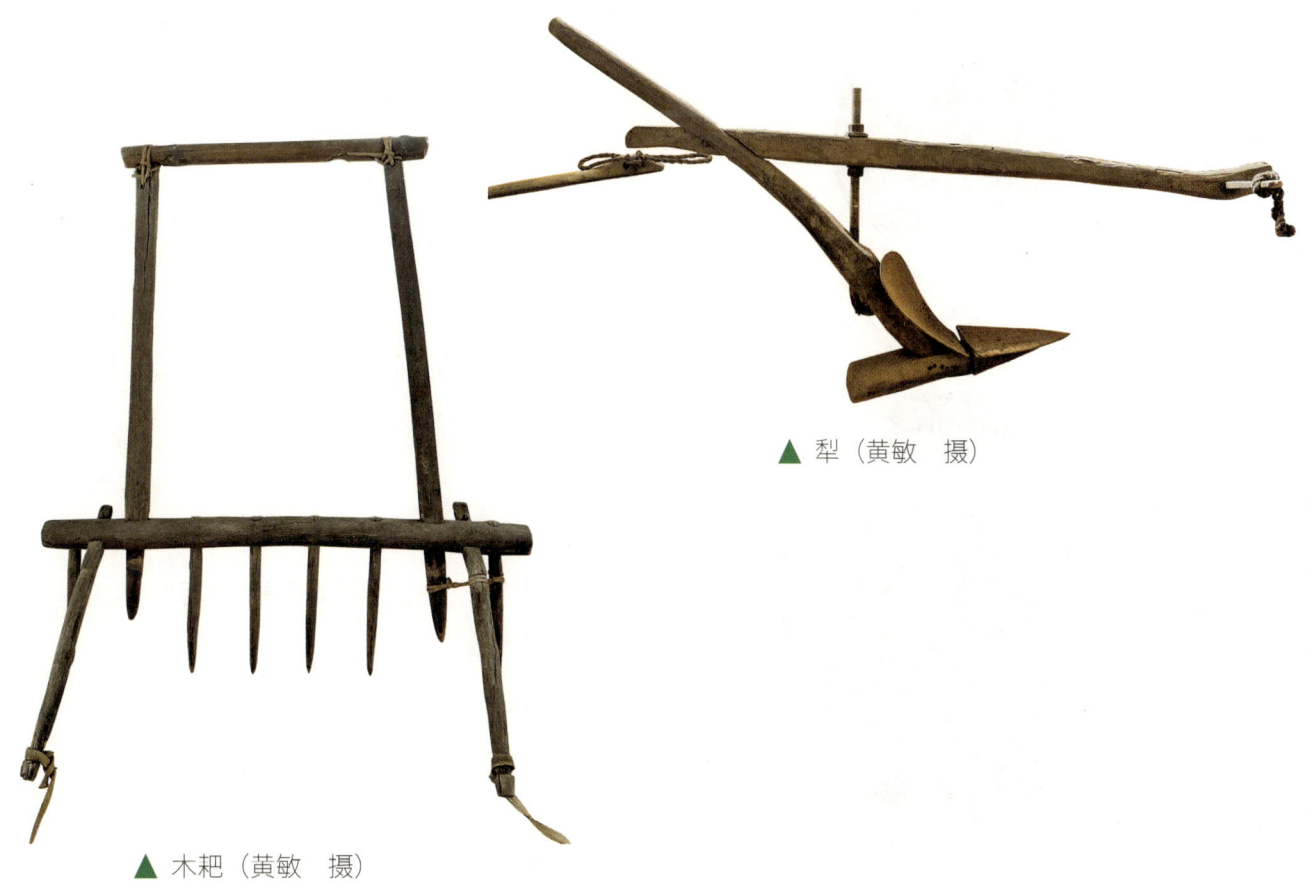

▲ 犁（黄敏　摄）

▲ 木耙（黄敏　摄）

第五章　农旅融合富美田园

寻旅五指山

▲ 舂米臼（黄敏 摄）

▲ 渡水葫芦（黄敏 摄）

合亩制作为一种特殊的社会经济组织，直到20世纪50年代初期，才被人关注。直至中华人民共和国成立前五指山区还有20多个乡实行合亩制。

1950年，《新观察》杂志第三期发表了第四野战军随军记者尤淇撰写的《琼崖黎民山区访问记》一文，介绍了黎族合亩制社会特殊的生产方式，引起了学术界的广泛关注。

1957年，中国当代民族学者海南人岑家梧在《海南岛黎族"合亩制"的调查研究》一文中写道，在海南岛山区的中心地带，直至中华人民共和国成立前，还留存着原始公社氏族共同劳动、平均分配的"合亩制"遗迹，这些地区，据不完全统计，大约包括20多个乡1.5万人。

"合亩"是汉语的意译，黎语意为"大家一起做工"。"合亩"的一般情况是：一个"亩"包括若干小家族，各个家族之间有着血缘关系，有些"合亩"还接受非血缘的外来户参加。"合亩"的规模最小为两三户，最大30多户，一般为五六户。他们主要从事农业生产，生产工具为各个家族所有，牛只和土地带有两重性，有些为各家所有，也有些为"合亩"所有，生产资料不论属"合亩"所有或各家所有，都由"合亩"统一经营，共同劳动，产品则按户平均分配。

◈ 五指山海拔最高古村落：番赛村

番赛村位于通什镇北部的红山片区，全村以黎族为主。村落干净整洁，番赛村委会下辖的大道村，海拔848米，是海南岛海拔最高的村庄。番赛村因森林覆盖率高，已入选"国家森林乡村"。拥有千年古荔枝树、云雾茶（高山茶园）、情侣瀑布等景点。主要经济作物有水稻、高山蔬菜、益智、生姜、油茶等。

▲ 五指山番赛村（李天平　摄）

第七节 五指山"村秀"：秀出和美乡村好光景

2023年9月16日至11月11日，五指山市以"民族秀 中国情"为主题，以弘扬民族服饰文化为主旨，以传播中华民族优秀传统文化为源动力，共举办10场"村秀"，受到外界广泛关注，国内外媒体传播覆盖面超8亿人次。一场场极具民族特色的服饰盛宴，秀出了黎苗文化新时尚，秀出了群众新面貌，也秀出了乡村振兴新活力。活动以文化浸润人心，用非物质文化遗产振兴乡村，带领人们进入民族的家园、文化的世界，体会海南少数民族文化独特的气质与非凡气派。

▲ 五指山村秀（五指山市融媒体中心 提供）

▲ 五指山村秀（五指山市融媒体中心　提供）

　　每场"村秀"的主题都别出心裁，通过产业、特色、资源、文化等进行PK，不仅展示了各乡镇别致的民族服饰，还营造出了多面开花、亮点纷呈的浓厚氛围。通过民族时装"村秀"系列文化活动，五指山的生态环保底色、乡村振兴亮点、民族文化特色都被展示了出来。

　　"村秀"活动紧扣民族文化传承，每支代表队身着黎族、苗族传统和创新设计服饰，尽情展示民族传统文化的魅力。活动现场轮番上演黎族竹木器乐、黎族民歌、黎族共同舞、竹竿舞、海南苗族民歌、海南苗族盘皇舞和招龙舞等特色非物质文化遗产节目；场外还设置非物质文化遗产风物文化市集、州府地道美食盛宴，精心展示黎族传统纺染织绣技艺、黎族藤编技艺等传统非物质文化遗产技艺，以及黎族茶饮、黎族山兰酒、苗族五色饭等各具民族特色的美食。活动通过把古老的民族文化与现代化的传播方式相结合，让游客在观走秀、逛市集、品美食中沉浸式体验"最炫民族风"，使得传统民族文化再现、再造、再生，走进现代生活，融入现代旅游，焕发出勃勃生机。

　　"村秀"活动紧扣乡村全面振兴，以"文化搭台，经济唱戏"为抓手，以文化、艺术、农特产品、名胜风景、民间技艺等为内容走秀，通过参加"村秀"舞

第五章　农旅融合富美田园

▲ 五指山村秀（五指山市融媒体中心　提供）

台PK，突出乡村文化特色，把活动当作展示乡村振兴的窗口，立足该地产业特色，推动本地产业和秀场紧密结合。活动期间，主办方推出代表乡土特色的"产业服装"，将番阳镇青瓜、水满乡茶叶、毛道乡山竹果、畅好乡雨林百花蜜等各乡镇系列农副产品与服饰相融合，吸引了马兰戈尼学院、海南航空、一龄集团等专业学院和知名企业加入合作，有力带动民族文化与旅游产业的深度融合发展，加快推动乡村振兴再上新台阶。

"村秀"活动紧扣精神文明建设，在充分展示民族传统文化的同时，做实做细新时代文明实践，不断弘扬文明新风尚，汇聚向上向善力量。活动聚焦社会主义核心价值观，以社会公德、职业道德、家庭美德、个人品德为重点，邀请"五指山好人"、道德模范、劳动模范、最美家庭、各乡镇优秀代表上台走秀，以先进模范为引领，以身边事感召身边人，鼓励大家从身边小事做起、从生活点滴做起，强化示范带动，厚植文明理念，充分展示了五指山人民群众健康、文明、积极向上的精神面貌。

第六章 四季宜居 康养乐园

五指山市素有"翡翠山城""南国夏宫""天然氧吧"之美誉。森林覆盖率90%以上，为全国之最，空气洁净，氧气充足，负氧离子含量高，全年平均气温为23.5℃，拥有地表水质和近岸海域水质，是全国水质最好的地区之一，生态环境质量绝佳。依托得天独厚的康养环境，成功承办环海南岛国际公路自行车赛、2023年全国职工掼蛋锦标赛暨中国国际掼蛋精英赛、首届森林康养五指山论坛等重要活动。漂流、骑行、徒步是这里的运动标签。

▲ 五指山掼蛋精英赛（五指山市旅游和文化广电体育局　提供）

第一节　五指山母亲河——南圣河

每一座城市都有一条温婉柔情的河流，这条河流孕育了这个城市新的生命力，赋予这个城市勃勃生机的新气象，同时也承载着这个城市的历史与文化。在五指山市，南圣河便是这样一条闪耀着光芒的母亲河。

南圣河，也称通什河，是昌化江上游的一条重要支流，从五指山市穿城而过，将翡翠山城分为河南、河北两个社区。南圣河流域面积达658平方千米，河流总长64.61千米，落差607米。南圣河发源于五指山市南圣镇毛祥村附近的峨隆岭，在海南岛上主要流经五指山市和保亭县，在五指山境内主要流经南圣镇、通什镇、毛道乡、番阳镇及20个自然村，最终汇入昌化江。

南圣河河水清澈，两岸风光旖旎，充沛的水源养育了世世代代的五指山人，是五指山人心目中的母亲河。在南圣河流经五指山市区段西侧，有一座小岛被河水拥抱，这处南圣河小岛现已开辟为植物园供游人休闲参观。小岛上姹紫嫣红的

▲ 五指山城区南圣河流经段（李天平　摄）

寻旅五指山

▲ 南圣河美景（朱文燕 摄）

鲜花四季争妍，飘香流蜜的果实结满枝头。岛西的河谷更是别有风味：空阔河床上的累累石头在千万年间被旋涡钻出一个个垂直的圆洞。若是携美酒来到皎月下的南圣河小岛，与好友同坐在河间平滑的大磐石上，迎着清爽的河风邀月同饮，闻着岛上飘来的阵阵花香，听着细浪拍岸的微微声响，会让人感觉如入蓬莱，疲劳忧烦顷刻消融在如水的月色中。

第二节 漂流之悦：体验五指山的刺激漂流

五指山不仅有高耸的山峰，还有巧夺天工的峡谷山泉，一曲"高山流水"尽显生态人文之美。五指山独特的山体地形以及热带雨林景观造就了五指山国内漂流圣地的美誉。境内有红峡谷漂流、大峡谷漂流、雨林峡谷漂流三大峡谷漂流。山间河水清澈，河湾急缓交错，让你在体验水头浪尖上的惊险与惬意的同时，还可以饱览峡谷两岸石林绝壁和古木参天的热带雨林景观。

五指山大峡谷漂流景区位于水满乡五指山风景名胜旅游区内，距市区38千米，在全长9千米的河道上，分成上、下两个区域。上段河道水势较急，险滩较多，为探险漂流河段，适合年轻人漂流，漂程6千米，用时2小时左右。下段河道水势较缓，落差小无危险性，老少皆宜，漂程3千米，用时1小时。河水清澈湍急，全程落差80多米，最大落差8米，漂流河段时起时伏，激流河湾彼此交错。峡谷两岸石林绝壁，高耸入云，峡谷幽深，古木参天，奇峰异景，巧夺天工，野花绿树争芳斗艳，青山绿水间，蝴蝶飞舞。五指山大峡谷漂流的特点可用4个字来概括："险、奇、乐、趣"。

险：表现在高空漂落一瞬间，浪花飞溅，船从水中急速穿过，让人高度紧张。

奇：峡谷历经万千年水的冲刷，形态各异，鬼斧神工。热带雨林绵延两岸，树藤缠绕在一起。

乐：旅游者游山玩水，贵在一个"乐"字。欢声笑语，嘻笑打逗，紧张的尖叫，把大峡谷变成了

▲ 大峡谷漂流（五指山市旅游和文化广电体育局　提供）

第六章　四季宜居康养乐园

203

交响乐大舞台，尽情享受大自然的乐趣及天人合一的感觉，在这里得到充分的体现。

趣：峡谷弯转曲折所形成的曲线美，使水流变化莫测。船行其间，上下起伏，左右摇摆，忽前忽后，充满了无穷的趣味，让人感受到生活的精彩。乘上漂流艇，漂荡在五指山大峡谷的青山绿水间，尽享自然精华，尽赏大峡谷的绿树蓝天，饱览亘古蛮荒的热带雨林，感受涌流激荡，令人灵魂酣畅，生命激扬，体验生活的精彩！许多游客漂到终点上岸后，都用一句话来表达漂流后的感觉："够爽，够精彩，够刺激！"

五指山大峡谷探险漂流被国内外旅游专家誉为"世界少有，全国一流"的探险旅游项目。

五指山红峡谷位于五指山市南圣镇，距离五指山市区12千米。红峡谷漂流，全程3.8千米，落差80余米。因沿途岩石被山泉、雨水冲刷后形成黄中带红的颜色而得名。峡谷岩壁险峻奇特，河道多岩滩激流，沿岸为原始热带雨林，常有山顶泉瀑自空降落。每年的八月、九月，降雨大增，水量充盈，陡峭上的瀑布从数十

▲ 五指山红峡谷漂流（五指山红峡谷文化旅游区　提供）

米高倾泻而下，十分壮观。路过的人都会忍不住停下车来一饱眼福。峡谷上游和下游各建有一座拦水坝，当大水漫过坝面形成的瀑布更为壮观。

五指山市红峡谷旅游风景区着力打造了旅游项目——勇者之路。不同于漂流顺流而下，勇者之路实际上是一条逆流而上的徒步探险之路。该项目全程约1千米，共设置了8道关卡，每一项都能够挑战游客在高空、在水中的平衡感，尤其是最后一道也是最难的关卡，山间瀑布飞流，游客需要借助钢索自下而上攀登，每一步都是在与水流搏击、与自己作斗争。当然，这其后的满足

▲ 五指山红峡谷漂流（五指山红峡谷文化旅游区　提供）

感与成就感也着实受到了众多年轻游客的青睐。

五指山红峡谷文化旅游区于2020年又推出高空吊桥、玻璃旱滑道、红峡谷栈道等多个旅游娱乐项目。

第三节　阿陀岭森林公园

位于五指山市北郊的阿陀岭，距离市中心1千米，在海榆中线200千米处。依托阿陀岭建成的阿陀岭森林公园，为省级森林公园，其占地面积8066.7公顷，其中天然林面积7866.7公顷。这里长年泉水叮咚，四季花红叶茂，沿着盘山公路进入林区，既可观赏各种珍稀树木，又可聆听各种鸟叫蝉鸣，别有一番情趣。阿陀岭山腰太平山水库风光秀丽、太平山瀑布风景别致，在公园最高处，可观看透迤

▲ 五指山阿陀岭风光（韩保献 摄）

的盘山公路及市区全貌。

　　阿陀岭森林公园内山水相依，风景秀丽，有原始森林、人工林、溪流、清泉、太平飞瀑、青春岭飞瀑和起伏的群山等颇具魅力的景观。公园内大面积的热带天然林和人工林具有常绿、多层混交、异龄等特点，主要类型有热带雨林、热带季雨林和常绿阔叶林等。公园内森林资源极为丰富，森林覆盖率达90%，已查明的野生植物共有400科1600多种，有乔灌木60科700多种。沿着盘山公路进入林区，既可观赏各种珍稀林木，又可聆听各种鸟叫虫鸣。

第四节　阿陀岭"皇后赛道"

　　对于骑行或自驾爱好者来说，有一个地方是不容错过的，那就是有着"皇后赛道"美称的阿陀岭。在那里，你既可以感受五指山的奇特与美景，又能体验骑行和自驾的乐趣。阿陀岭位于五指山市郊西北国道海榆中线上，山顶到市区的距离仅10千米，山上四周常年云雾缭绕，森林密布。穿行在"皇后赛道"，你可能会偶遇在路边悠闲散步的本地五脚猪、比车轮还大的野生海芋、变幻莫测的山雾、惊险刺激的发卡弯，体验非常独特。

从2006年开始，环海南岛国际公路自行车赛事正式举办。目前，赛事级别由原来的洲际2.2级提升到洲际2.HC级，环海南岛国际公路自行车赛事已然成为亚洲顶级赛事。环海南岛国际公路自行车赛事的五指山赛段历来是赛事中最具难度和挑战性的赛段之一，盘山公路蜿蜒曲折的阿陀岭赛段，更被誉为比赛的"魔鬼赛段"。山顶处有一个高达757米的一级爬坡点，是海拔最高的爬坡点。近年来，该赛段更是吸引了无数自行车骑行爱好者前来挑战，国际影响力日趋扩大。在赛事期间，为欢迎远道而来的客人，五指山市也推出富有民族特色的文艺节目，并为获奖选手送上最珍贵的灿若云霞的黎族织锦作为礼物。

▲ 五指山阿陀岭"皇后赛段"（五指山市旅游和文化广电体育局　提供）

第五节 朱德亭

　　阿陀岭山顶上有朱德亭、五指山观山点、日出观景点和云海观景点等景点。其中，朱德亭是阿陀岭山地公路徒步必经的一处历史文化景点，也是224国道至高点的标志性建筑。中华人民共和国成立后，修建的第3条国防公路——海（口）榆（林港）中线公路于1952年秋天在海南岛开工，1954年12月19日建成通车。这条贯通全岛南北，政治、经济意义十分重大的国防公路，对保卫祖国边疆、开发宝岛中部资源、改善黎族苗族少数民族人民生活，都有着重要作用。海榆中线公路，让五指山迈入现代交通体系。1957年，朱德总司令视察海南岛时途经五指山阿陀岭，留下了"深山建公路，崎岖使之平"的诗篇，赞叹海榆中线的修筑。后建亭以纪念。

▲ 朱德亭（黄敏 摄）

第六节　海南第一村——南国夏宫

南国夏宫位于五指山市太平山旅游风景区，酒店依太平山而建，气候宜人，放眼望去绿树、溪水，红瓦，既祥和又幽静。太平山瀑布就在酒店后面山上100多米处，沿山间小道攀登到太平水库，可以欣赏到更美的风景。要是夏天来这里，会感到非常凉爽舒适。有多位文人墨客留下了"南国夏宫""海南第一村""海岛蓬莱""盛世仙境""大闹天宫不如遨游南国夏宫"等赞誉。

▲ 南国夏宫（黄敏　摄）

第七节　健康主题公园——翡翠公园

　　翡翠公园位于五指山市区，是一处融山林、峡谷、溪流为一体的公园。公园内有一处蜿蜒曲折的山谷，溪流在其中缓缓流淌。沿山谷中的登山栈道逆溪流而上，可直达太平山顶的瀑布和水库，那里植被茂密，瀑布挂川，是人们不走远路就可以欣赏热带雨林风光的好去处。

▲ 翡翠公园（黄敏　摄）

第八节　山城"后花园"——太平山

　　在五指山市北郊6千米处有一座高山，高山东西两侧各有一峰耸立，当地黎族人将其称作"东龙峰"与"西龙峰"。在东龙峰、西龙峰之间，有一条幽深险陡的山谷，谷底怪石嶙峋，两侧古木参天，一股清澈山泉，从东龙峰、西龙峰的谷口飞泻直下，然后，沿着山谷注入穿城而过的南圣河。这座高山就是闻名遐迩的太平山。

　　太平山海拔800多米，山上古藤交错，岩石奇秀，山花烂漫，林木荫翳，曲径通幽。太平山瀑布从山顶蜿蜒而下，坠入深潭，奇伟壮观。特别是每逢雨季，飞瀑倾泻而下，冲击山岩飞溅起如珠似玉的水花，轰响如雷，回荡不息，十分壮观。深潭西侧，依山建有一座八角形观瀑亭，亭旁古树蒙络摇缀，野花争妍斗

▲ 太平水库（李天平　摄）

第六章　四季宜居康养乐园

▲ 太平水库沿途风景（李天平 摄）

艳。度假村琉璃红瓦，设施齐全，植被丰富，环境优雅，不愧为一座"南国夏宫"。太平山被称为五指山市"后花园"名副其实。

太平水库位于五指山城郊的太平山上，是五指山市的饮用水源地。太平水库四季景色宜人，尤以入秋枫红满山时最迷人，现已逐渐成为市民登山活动和观景的好去处。

市内往太平山水库的半途中，有一开阔的观景点——太平山观景点。早晨云雾缥缈，一阵阵从城市上空飘过，犹如仙境。傍晚，太阳西下，夕光暮影，山城风光美如画卷。

第九节　畅好居场部大剧院

五指山市畅好居场部大剧院原名五指山市畅好农场露天电影院，是1982年投入使用的原国营畅好农场居民、职工等开展大型文化活动的舞台，这里建有一座面积达百平方米的舞台和可容纳千人的石条凳座位。

原畅好农场露天电影院始建于1981年，是在一个地势平缓的小山坡上修建的，大院内的石条凳是用大山沟里的石头请石匠开凿出来的，石条经过工人们打墩、铺设，场部内还建造一栋两层的影楼，四周砌起围墙，露天电影院就是这样建造而成的。

走进大院内，富有时代特征的墙画、原貌保存下来的小卖部、板正的建筑风格，满眼皆是时光回忆与穿越感受。影楼内还有当年保留下来的各式各样的道具和文化艺术书籍。

▲ 场部大剧院（黄彩梅　摄）

寻旅五指山

▲ 放映（黄彩梅 摄）

电影传播的是文化与精神，虽然经过环境整治、危房改造等，但这家露天电影院在当地职工干部的眼里，是最宝贵的精神财富，因此得以完整保留。

五指山市将场部大剧院列入旅游规划范畴，加以改造。作为代管单位的畅好居也斥资对电影院进行清洁、整理和修复，力求还原旧时光的环境样貌，为承接新的文旅产业项目做准备。购置了高清幕布、HDMI高清数字放映机，影片等，并悬挂"场部大剧院"的名称。五指山市畅好居场部大剧院于每周五晚上进行公益性放映，播放的影片均为爱国主义老电影，吸引市民游客到此体验别样的观影方式。

第十节　桫椤公路

桫椤公路在五指山市畅好乡的县道境里，桫椤万象，成为五指山西向骑行路线中的一大景观。继续往前，还会依稀见到在大片热带密林里藏着的草原牧场，以前还有村民们在此放牧，留下了不可多见的热带乡村草原美景。这条路线海拔高耸，同时也是俯瞰热带雨林自然景观的主要路线。桫椤公路因桫椤汇聚丛生、连片自然生长而得名。桫椤树是子遗植物的代表，是从白垩纪时期遗留下来的国家一类保护珍贵树种，是现今仅存的有三亿多年历史的木本蕨类植物，极其珍贵，堪称国宝，被众多国家列为一级保护的濒危植物，有"活化石"之称。桫椤公路沿途有独特的桫椤群落、高山流水瀑布和热带雨林风光，成为五指山市新的旅游热点。

▲ "活化石"桫椤（黄敏 摄）

▲ 桫椤公路（孟志军　摄）

　　五指山市已将畅好桫椤公路探秘项目列入旅游规划，该项目依托独特桫椤植被景观，利用从乡政府→什奋→番通→什哈→畅好→乡政府约26千米闭环旅游路线，开发建设集桫椤研学基地、民宿、露营地、雨林徒步观光、自行车驿站、山茶油展销等为一体的综合旅游探秘项目。

参考文献

五指山市地方志编纂委员会编：《通什市志》，方志出版社2009年版。

五指山市地方志编纂委员会编：《五指山市志》，方志出版社2020年版。

五指山市史志中心编：《追寻红色足迹——五指山市革命遗址故事选编》，中共党史出版社2023年版。

中共海南省委党史研究室（海南省地方志办公室）编：《海南黎族苗族自治州史》，海南出版社2023年版。

中共海南省委党史研究室（海南省地方志办公室）编：《中国共产党100年海南百名历史人物传略》，海南出版社2023年版。

海南省民族宗教事务委员会 海南省非物质文化遗产研究会编：《黎族民间故事大集》，海南出版社2010年版。

五指山市文化广电出版体育局编：《五指山民间故事荟萃》，南方出版社2016年版。

三亚市地方志编纂委员会编：《三亚市志》，中华书局2001年版。

后记

中共五指山市委、市政府高度重视旅游资源的开发与利用，要求在《五指山市黎语地名概览》的基础上，组织编纂《寻旅五指山》一书。2023年5月，五指山市史志中心成立编辑部，启动《寻旅五指山》编纂工作，编纂人员进行资料搜集、实地调研和撰写文稿等工作，历经7个月，完成初稿的编纂，后又征求市领导、各乡镇、各相关部门及专家学者、老干部等意见，进行多次修改和加工润色，终成定稿。

《寻旅五指山》是一本以介绍五指山历史文化、山水风光、风土人情为重点的书籍，全书语言风格简洁、生动、可读性较强，坚持述而不论，秉笔直书，寓观点于资料之中，避免华而不实，华而失实。

在编纂本书过程中，得到市委、市政府的正确领导，以及各乡镇、各相关部门的大力支持，得到专家学者的无私指导和摄影师提供的精美图片，以及黄国奇、黄石卿、李运秀、黄启用、王广宁、王业雄、黄运华、黄运神、黄运清、胡永新、朱泽荣、王彩妹、王慧芳等同志对书中黎语地名的翻译。在此，谨向为本书付出辛勤劳动的所有人士，致以衷心的感谢！

编纂《寻旅五指山》，是我们一次难得的学习机会，虽然我们做了很大努力，但由于编辑时间紧、编辑人员水平有限，不足之处在所难免，敬请广大读者批评、指正。

编 者

2024年5月